T0278547

Atrapados en la mente

Manuel Villegas

Atrapados en la mente

Las obsesiones

herder

Diseño de la cubierta: Toni Cabré

ISBN: 978-84-254-5121-8

Imprenta: Sagràfic
Depósito legal: B-21032-2023
Impreso en España - Printed in Spain

herder

Índice

1. La mente obsesiva

Lo que tiene que entender, doctor, es que lo que yo tengo averiado no es el cerebro, sino la mente. Mi cerebro funciona muy bien, es mi mente la que no funciona. ¿Entiende?, no el cerebro, sino la mente.

Una paciente

Mente o cerebro

Si, de acuerdo con las palabras de la paciente que encabezan este capítulo, hablamos de mente y no de cerebro en este libro es porque intentamos centrarnos en el significado de la experiencia obsesiva y de su contenido discursivo, no en el estudio de los sustratos neuroquímicos que la acompañan, como a cualquier actividad cerebral.

Según Mancini (2021), existen tres explicaciones posibles para el trastorno obsesivo situadas en la polaridad «neurológica» ↔ «psicológica», que dan lugar a una tercera, la «neuropsicológica», que sería el punto medio de fusión entre las dos primeras. Nuestro enfoque, centrado en la mente, se decanta por la polaridad psicológica, aunque esto no excluya la participación de circuitos cerebrales recursivos en su ejecución, como por otra parte sucede en cualquier otro fenómeno psicológico. No es un objetivo de este libro discutir el papel o la función del cerebro en la producción y mantenimiento del trastorno obsesivo, sino abordar su comprensión como una experiencia humana universal, y plantear la posibilidad de su psicoterapia como un proceso de resignificación de la misma.

Estas razones nos llevan a preferir la palabra «mente», que, sin hacer referencia a ningún objeto material u órgano físico, como sería el cerebro, nos remite a un concepto abstracto que tiene la virtud de expresar sintéticamente toda la actividad cerebral que alcanza el nivel de lo representativo o simbólico. De este modo, la palabra mente no equivale a cerebro como órgano compuesto de hemisferios, zonas, lóbulos y capas interconectadas, sino al producto de su actividad. Trascender la visión organicista no significa negarla, sino considerar no tanto el órgano, sino el producto sintético de su actividad, que alcanza el nivel de lo simbólico o representativo.

De manera concisa podríamos llamar «mente», pues, a la actividad o función simbólica llevada a cabo por el cerebro. Esta va evolucionando a través del desarrollo humano, tanto específico como individual, en la medida en que se va adentrando en la complejidad. La especie humana, en efecto, ha configurado un mundo simbólico cada vez más sofisticado, pasando del pensamiento mágico primitivo al filosófico o racional del que derivan el científico y computacional, que es lo que la ha convertido en *sapiens*.

Esta evolución, que a escala antropológica podemos observar a través del curso de la historia, se reproduce a escala individual desde la infancia hasta la edad adulta, de acuerdo con una serie de fases evolutivas que van desde la sensorio-motórica hasta la metacognitiva y que hemos descrito ampliamente en escritos anteriores (Villegas, 2011, 2015).

Fruto de esta actividad cerebral es una serie de funciones como el lenguaje, la escritura o la aritmética, pero también una serie de capacidades como la creatividad, el ingenio, el arte, la tecnología, el juicio moral, al igual que los productos de su actividad como pensamientos, recuerdos, ideas, creencias, dudas, deseos, impulsos, imaginaciones, fantasías, temores, ambiciones o ilusiones y también obsesiones. Por eso hablamos de salud o enfermedad mental, por ejemplo, en relación a las obsesiones, concepto muy distinto al de enfermedad del órgano, que recibiría el nombre de enfermedad neurológica, daño, disfunción o traumatismo cerebral.

La enfermedad de pensar

Las obsesiones, en efecto, podrían ser definidas como «la enfermedad de pensar». No es que el obsesivo piense mal o equivocadamente, o de forma absurda o ilógica, es que piensa de forma recursiva o rumiativa, haciendo inútil la función deliberativa del pensamiento, orientada a llegar a una conclusión o decisión. Se pierde en la búsqueda de la certeza, de la exactitud o de la precisión. Estos atributos pueden ser imprescindibles para el pensamiento técnico o científico, pero son inapropiados desde el punto de vista pragmático para la toma de decisiones en la vida cotidiana.

La palabra «pensar» está asociada etimológicamente al hecho de «pesar», derivada del verbo latino *pensare*, que significa «pesar con cuidado» en la balanza, es decir «ponderar», *equi-librar* (igualar la balanza). Pero para eso hay que ajustar muy bien las pesas y corregir constantemente el fiel, hasta conseguir emparejar los dos platos de la balanza. Esta es la operación que constantemente hace el obsesivo al «ponderar», una y otra vez, cada uno de sus pensamientos, por lo que, más que una enfermedad de su organismo, podemos definirla como la enfermedad de pensar.

Berta, de 35 años, miembro de un grupo de terapia, explica en sesión el goce que le produce la contemplación de su bebé, el cual está tranquilo y relajado, precisamente porque no piensa. A esta condición la compara con la de un cielo luminoso donde resplandece el sol.

Terapeuta: *O sea, que un sol… ¡Qué bien que vemos la salida del sol. Luego la vida se va ensombreciendo. ¡Qué lástima! ¿No?*

Berta: *Tendríamos que ser todos bebés* [risas].

T.: *Sí, estaríamos en la plenitud de la vida… ¿Qué es lo que hace que luego se ensombrezca?*

B.: *La vida misma. Hay cosas buenas, cosas malas.*

T.: *Claro. ¿Para ti dónde están las sombras?*
B.: *Para mí las sombras... Es que... ¿Cómo lo digo? Pues para mí, lo que más me preocupa ahora es la idea de perder a mis seres queridos o de morirme yo.*
T.: *Ya, te tiene obsesionada la idea.*
B.: *Es un hecho. Todos tenemos que morir.*
T.: *Sí, pero no estás muerta.*
B.: *Ya, pero algún día estaré muerta.*
T.: *En esto te doy toda la razón* [risas].
B.: *Yo soy muy hipocondríaca, mucho. No puedo ver nada por la tele, ni que me digan...*
T.: *Ya. O sea, que tú lo que notas es que eres hipocondríaca.*
B.: *Y también respecto a los demás, no solo yo. Hacia los demás también.*
T.: *¿Y eso desde cuándo?*
B.: *Pues, desde bien pequeña, veía el programa ese de «más vale prevenir». Y al día siguiente me levantaba con la enfermedad de la que se había hablado.*
T.: *¿Ah, sí? Pues debes haber hecho una carrera ya. Una carrera de medicina. ¿Cuántas enfermedades has tenido?*
B.: *¡Uy! Todas. Bueno, no tenerlas, sino creer que las tengo. Y ahora me da miedo, como si pensándolo pudiera provocármela, eso me da mucho miedo.*
T.: *¿Te la puedes provocar?*
B.: *Sí.*
T.: *¡Caray, qué poder!*
B.: *Es mejor no saber que saber... en este caso.*
T.: *Lo mejor es no saber a medias. Esto les pasa también a los estudiantes de medicina, cuando diagnostican al paciente, lo hacen según la lección del día.*
B.: *No podría ni ser psicóloga ni ser médica.*
T.: *O sea, tú sabes tanto, que sabes el diagnóstico ya. O sea, ¿te lo has puesto... o te lo han puesto...?*
B.: *Hombre, lo he leído. Sé que soy hipocondríaca.*
T.: *Cuando lo encontraste, dijiste «¡ahora!»*
B.: *Claro, dije «esa soy yo».*

T.: *Al menos te ha servido de una cosa. De pensar que tenías varias enfermedades a saber que la enfermedad que tenías era solo una: la de pensar.*
B.: *Eso. Pero ahora, lo que me da miedo es provocármela.*
T.: *¡Ah! ¿Y cómo se hace esto de provocarlo?*
B.: *Yo no quiero; pero a fuerza de no querer, ¡toma castaña! Es igual que con las crisis de angustia. Yo tenía mucho miedo a las crisis. He perdido el miedo y estando aquí, ahora, no me dan... Pues ahora me gustaría también perderle el miedo a esto.*

Berta expresa en esta última intervención la sensación de pérdida de control sobre sus propios pensamientos y el miedo a que estos se sobrepongan a su voluntad, de modo que pueda llegar hasta «provocarse» la enfermedad, en contra de sus intenciones.

Es en esta actividad mental donde los humanos podemos atraparnos, incapacitados para llegar a conclusiones, para tomar decisiones, para resolver dudas, obsesionados por la búsqueda de una seguridad, que va más allá de los límites y capacidad de nuestro pensamiento, llegando a tener la sensación de que este escapa a nuestro control o que, como se dice vulgarmente, «va a su bola», fuera de control. La mente necesita comprobar, controlar, concluir, resolver. De lo contrario, el pensamiento, convertido en preocupación, puede entrar en el círculo obsesivo.

Dicho y hecho

Esta es la sensación que, como muchas otras personas, siente Mireia cuando se le mete una cosa en la cabeza: no puede dejar de pensar en ello hasta que lo comprueba de inmediato. No puede tolerar la tardanza o el aplazamiento en el tiempo. De ahí nace la preocupación. Precisamente, una de las explicaciones del carácter compulsivo de las obsesiones es la necesidad de romper el círculo deliberativo del pensamiento, llegando a una conclusión de la manera que sea. Mireia lo hace, aunque sea levantándose a media noche.

MIREIA: *Sí, dejar de preocuparme o preocuparme lo justo… «Vale, ya le he puesto una solución y ya está, no necesitas encontrar la mejor». En mi caso los pensamientos eran absolutamente cualquiera. No cualquiera, las cosas que me hacen ese clic… Puede ser desde el trabajo o los hobbies. Pero si hay algo que se me mete en la cabeza, tengo que hacerlo.*
TERAPEUTA: *Porque, ¿qué pasa, si no lo haces?*
M.: *Pues que sigo pensando… Bueno, un ejemplo reciente es que necesito unos auriculares, pero no cualesquiera. No los necesito ahora, pero me pongo a mirar auriculares; tienen que ser los mejores. Entonces, eso implica tener una lista, posibilidad de que cambien de precio en cualquier momento en Amazon… Me he llegado a levantar a las 2 AM para ver si había cambiado algo. Me pongo alertas en el móvil. Al final quiero acabar el tema y me compro unos, ya.*
T.: *La sensación es que tienes que resolver algo, aunque no parecen preocupaciones graves.*
M.: *No, son absolutas tonterías. Pues me he llegado a levantar a las 4 AM para saber si soy capaz de hacer una app de Android… Y yo no trabajo con Android. Y me levanto, la hago y, bueno, ya veo que sé hacerla, y me acuesto.*

Aproximación al concepto de obsesión

Una de las experiencias más desconcertantes y angustiosas para el ser humano es la de sentirse a merced de fuerzas externas, sean estas humanas, naturales o supuestamente sobrenaturales que se le imponen de forma coercitiva e imperiosa, dejándolo en un estado de indefensión. Gran parte de los logros de nuestra civilización tienen que ver con el intento de prevenir estas situaciones y dotar a la humanidad de medios de control sobre ellas. Desde los ritos mágicos de las religiones primitivas hasta las fantasías virtuales de las guerras de las galaxias, pasando por los desarrollos tecnológicos orientados a controlar, previniendo las causas o los efectos de las diversas posibles catástrofes, todos estos recursos obedecen a la necesidad de conjurarlas. La convicción de poder luchar o hacer frente de alguna manera a estas fuerzas exteriores produce una cierta sensación de dominio y de control o reduce, al menos, la angustia de la imprevisibilidad.

¿Pero qué sucede cuando la percepción de falta de control proviene del interior del propio sujeto, cuando sus actos y pensamientos se le presentan como extraños o ajenos a él mismo, impuestos de forma coercitiva a su voluntad? Pensamientos intrusivos, actos o ritos compulsivos, que cuanto más se quieren dominar o controlar, más insistentes y autónomos se tornan.

Esta conciencia de extrañeza diferencia claramente la compulsión obsesiva de la adictiva. El adicto desea la consumición de la sustancia o la ejecución del acto placentero como un objetivo congruente con su voluntad, aunque racionalmente pueda saber que no le conviene, inconveniente que ya se cuidará de neutralizar también racionalmente. El obsesivo, en cambio, se encuentra en la extraña situación de pensar o hacer aquello que paradójicamente no desea ni pensar ni hacer, obedeciendo, sin embargo, a un impulso propio interno que no puede controlar.

Estas características vienen recogidas con notable precisión en la descripción que del trastorno obsesivo compulsivo (TOC) hace el DSM III (APA, 1987). Este describe en primer lugar la obsesión como aquel conjunto de

> ideas, pensamientos, imágenes o impulsos recurrentes y persistentes que son egodistónicos, es decir, que no son experimentados como producidos voluntariamente, sino más bien como pensamientos que invaden la conciencia y que son vividos como repugnantes o sin sentido. El enfermo realiza intentos para ignorarlos o suprimirlos.

Y a continuación describe las compulsiones como:

> Conductas repetitivas y aparentemente finalistas, que se realizan según determinadas reglas, de forma estereotipada. La conducta no es un fin en sí mismo, sino que está diseñada para producir o evitar algún acontecimiento o situación futura. Sin embargo o bien la actividad no se halla conectada de forma realista con lo que preten-

> de impedir o provocar, o puede ser claramente excesiva. El acto se realiza con una sensación de compulsión subjetiva junto con un deseo de resistir a la compulsión (por lo menos, inicialmente). Por lo general, el individuo reconoce la falta de sentido de la conducta y no obtiene placer en llevar a cabo esta actividad, aunque le procure un alivio de su tensión.

La versión posterior del DSM, la cuarta (1994), presenta pocas variaciones al respecto de esta definición; no incluye el concepto de egodistonía en el cuadro de criterios para el diagnóstico, aunque sí en su explicación, clasificando estos pensamientos de «intrusos e inapropiados» y distinguiéndolos claramente de las preocupaciones excesivas por los problemas de la vida real y de la «inserción del pensamiento».

Finalmente, la última versión —por ahora— del DSM, la quinta (2014), abunda más en lo mismo, aunque lo desclasifica como trastorno de ansiedad, convirtiéndolo en una categoría propia. De una forma tal vez más esquemática y con un lenguaje más sencillo, define las obsesiones por (1) y (2):

> 1) Pensamientos, impulsos o imágenes recurrentes y persistentes que se experimentan en algún momento durante el trastorno como intrusas y no deseadas, y que en la mayoría de los sujetos causan ansiedad o malestar importante.
> 2) El sujeto intenta ignorar o suprimir estos pensamientos, impulsos o imágenes, o neutralizarlos con algún otro pensamiento o acto (es decir, realizando una compulsión).

Y luego define las *compulsiones* de manera descriptiva como:

> 1) Comportamientos o actos mentales repetitivos que el sujeto realiza como respuesta a una obsesión o de acuerdo con reglas que ha de aplicar de una manera rígida.
> 2) El objetivo de los comportamientos o actos mentales es prevenir o disminuir la ansiedad o malestar, o evitar algún suceso o situación temida; sin embargo, estos comportamientos o actos menta-

les no están conectados de una manera realista con los destinados a o neutralizar o prevenir, o bien resultan claramente excesivos.

Según el quinto manual, obsesiones y compulsiones llevan mucho tiempo y causan malestar clínicamente significativo y deterioro en lo social y laboral. Y añade que, para que pueda ser diagnosticado como TOC, no deben ser atribuibles a consumo de sustancias ni a efectos de otros trastornos mentales.

La sensación de extrañeza que acompaña a los pensamientos o actos obsesivos no proviene, pues, de la falta de familiaridad con ellos, ya que el sujeto los experimenta cada día infinidad de veces, sino de su carácter intrusivo, ajeno a su voluntad. El paciente obsesivo se queja de los pensamientos que se le cruzan por la cabeza o de los actos o rituales que se ve impulsado a ejecutar innumerables veces al día. Extrañeza, por tanto, en el sentido de enajenación, de algo que es ajeno o externo al propio sujeto, sobre lo que carece de control, pero que, paradójicamente, surge de dentro de su propia cabeza.

Parecería, sin embargo, que si el sujeto lo vive como algo ajeno o externo a él podría fácilmente despreocuparse de tales actos o desprenderse de tales pensamientos como de algo que no le pertenece, de lo que, en consecuencia, no es agente ni responsable. Podría, por ejemplo, operar algún tipo de externalización (White y Epson, 1990), construyéndolos como una especie de tentación diabólica, como tradicionalmente se ha hecho en muchas culturas religiosas a lo largo de los siglos. No obstante, como es sabido, no sucede así; de modo que el obsesivo se ve obligado a protegerse de ellos, intentando evitarlos o exorcizarlos de las formas más variadas posibles como si se tratase de una posesión diabólica y no de una simple tentación.

El sueño del arcón

La experiencia escindida de esta lucha interna entre lo que se piensa y se hace y la falta de control sobre ello, expresada por medio de la intervención diabólica, se pone de manifiesto en el siguiente sueño de un paciente obsesivo de 40 años, al que llamaremos Roberto, producido en un momento avanzado de la terapia, cuando se ha reducido ya notablemente el nivel de ansiedad y puede permitirse en su vida cotidiana y laboral una actuación en general despreocupada y relajada, sin el intrusismo de los pensamientos obsesivos habituales.

Los antecedentes inmediatos del sueño, su contexto de producción (Villegas y Ricci, 1998), hay que buscarlos en un episodio acaecido la tarde anterior en su trabajo, cuando fue a emitir el informe necesario para la concesión de una hipoteca para la compra de una finca. Roberto ha llevado a cabo las formalidades habituales: los documentos parecen correctos, provienen de una entidad bancaria de prestigio; pero, llegado a un cierto punto, advierte que falta el número del registro de la propiedad. Antes de llamar para exigirlo, se plantea si la documentación recibida es suficiente y se da cuenta de que lo es: la descripción es correcta e inequívoca. El dato no es esencial para estar seguro de que se puede calcular el precio. Decide darlo por bueno y se siente orgulloso y contento de poder cerrar la operación sin tener que efectuar ninguna llamada de comprobación; eso significa que puede decidir de forma no obsesiva. Sin embargo, antes de ir a dormir, le asaltan las dudas y, después de darle varias vueltas, decide que ha hecho bien y que en todo caso, si lo cree conveniente, puede llamar al día siguiente. Durante la noche tiene un sueño en que

> *Se encuentran en un espacio indeterminado dos personajes que son la misma persona y que lo representan a él. Uno está tranquilo y relajado, pero llega el otro con un mueble, un arcón antiguo, y lo quiere descargar en este espacio. Este último tiene cara de diablo e insiste en descargar el mueble ahí. El tranquilo se opone, porque no quiere trastos, mientras que el diablo insiste. Se produce una tensión entre los dos. Roberto, en el sueño, se dirige al diablo y le dice «mátalo»* [en referencia al personaje tranquilo].

Roberto se despierta, son las cuatro de la madrugada, enfadado por este sueño. La idea de matar al tranquilo tiene el sentido de restaurar la situación anterior, como medio de eliminar los efectos del proceso terapéutico. Los muebles antiguos son cosas del pasado, tendencias que impiden estar tranquilo, hábitos —obsesiones— que aportan malestar. La idea del sueño es restituir los mecanismos de control obsesivos como medio de controlar la ansiedad, atendiendo a las dudas, y de eliminar el nuevo sistema epistemológico que se está originando y que permite actuar de forma desangustiada y espontánea.

La cuestión que plantea este sueño, en relación con su contexto de producción, apunta a un aspecto central de la obsesión: el balance favorable a la duda y el escrúpulo, acompañado de un fondo de ansiedad compulsiva, frente a la tranquilidad y el relajamiento de una actuación espontánea y libre. A perturbar esta espontaneidad contribuye fundamentalmente el intruso con cara de diablo que quiere colocar a toda costa, en medio de la sala, el mueble antiguo, el arcón que encierra todos los trucos de la obsesión, como las rumiaciones, las conductas de comprobación y los rituales.

Etimología de la palabra obsesión

La palabra «obsesión» procede del latín *(ob-sedere)* que significa sitiar o asediar (literalmente «sentarse delante o enfrente»), y hace referencia a aquellos pensamientos que se hallan siempre presentes en la mente con carácter amenazante y que le impiden al sujeto actuar libre o espontáneamente, como los ejércitos medievales que plantaban sus tiendas ante las murallas del castillo para impedir la libertad de movimiento de sus habitantes. Causan la sensación de ser propios, pero a la vez ajenos, porque, al tiempo que se consideran egodistónicos, no dejan de tomarse continuamente en cuenta.

En este sentido, la obsesión fue considerada por los autores de los siglos XVI y XVII como una posesión diabólica. Sin embargo, ya el diccionario de la RAE, en su primera edición de 1780, distingue obsesión de posesión en base a si «los espíritus malignos están alrededor de una persona, a diferencia de cuando están dentro del cuerpo que se llama posesión. En cambio se llaman obsesivos los que los tienen arrimados y los cercan y rodean atormentándolos y molestándolos, pero sin entrar dentro de la criatura, a diferencia de los poseídos».

El sueño de los bichos

Esta naturaleza sitiadora de la obsesión se pone claramente de manifiesto en el sueño de los bichos —en realidad una pesadilla— de una paciente de un grupo de terapia, Ceci, de 39 años, a la que iremos siguiendo a lo largo de estas páginas en diversas ocasiones. Es un sueño que últimamente se le repite mucho y le intriga por su significado. En la sesión interviene otra paciente a la que hemos llamado Nerea:

> Ceci: *Quería comentar que tengo muchísimas pesadillas, malas, malísimas, que no me había pasado nunca antes. Pero pesadillas horrorosas, con bichos, con lagartijas, con ratas, con cucarachas, saltamontes, algo horrible. No sé, yo creo que los sueños tienen algún significado… Y sobre todo, lo de los bichos, me tiene súper intrigada, muy intrigada, eso tiene que tener algún significado.*
> Terapeuta: *¿Cómo te sentirías tú si en la vida real tuvieses esos bichos al lado?*
> C.: *Pues mal.*
> T.: *¿Por qué? ¿Qué pueden hacer esos bichos?*
> C.: *Dan repelús… Te pueden morder, ¡yo qué sé! Te pueden picar, no sé, debe ser algo espeluznante, ¿no?*
> T.: *¿Te los sabrías sacar de encima?*
> C.: *No, no creo, no tanta cantidad.*
> T.: *¿Te sentirías invadida?*
> C.: *Me sentiría invadida. En el sueño no me atacan nunca, pero están.*
> T.: *Pero están. ¿Y cómo te sientes dentro del sueño?*
> C.: *Con asco, mucho asco, repugnancia, más que miedo asco, mucho asco.*
> T.: *¿Y qué haces tú en el sueño? ¿Te puedes liberar de ellos o estás rodeada?*
> C.: *Están por todos lados, sí. En el fondo sé que no me van a hacer nada, pero están. No tengo miedo de morirme, ni que me vayan a matar, no, no…*
> T.: *En el fondo sabes que no te vas a morir, pero te están impidiendo vivir.*
> C.: *Exactamente. Claro, al repetirse tantas noches… No sé qué relación tendrá, pero no sé, igual busco una lógica en los sueños.*
> T.: *Una señal: te están avisando de algo.*

C.: *De que... ¿De que no estoy bien?*
T.: *De que no estás bien contigo misma, te sientes como sitiada, te falta libertad.*
C.: *Hombre, me falta la libertad que puede faltarle a cualquier mujer de casa, claro, esa libertad... Pero esa falta de libertad la encuentro normal, porque oigo que a casi todas las mujeres nos pasa.*
T.: *La encuentras normal, ¿pero tú cómo la sientes?*
C.: *Mal... Pero de todas formas, hay algo que me ata, porque de alguna manera también hago lo que quiero, porque nadie me obliga. Es solamente la situación y, ante esa situación, no puedo hacer nada.*
Nerea: *¿Y qué es lo que te ata? ¿La limpieza?*
C: No.
T.: *No; la responsabilidad.*
C.: *Seguro, es eso* [endereza la postura]. *Yo quiero estar libre de aquí, ¿eh?* [se señala la cabeza].

Resulta altamente clarificador en el texto de Ceci, la oposición que ella misma establece entre miedo (emoción) y asco, repelús, repugnancia (sensación). Estos bichos no le van a causar la muerte a Ceci, no les tiene miedo, pero no la dejan vivir. Están ahí, rodeándola por todas partes. Estos bichos la tienen asediada, paralizada, inhibida, totalmente *constreñida en su espontaneidad*, que es, precisamente, una de sus características personales más destacables y el elemento nuclear de la obsesión. Aunque sea en sueños, Ceci percibe esa inhibición vital, como una sensación de algo que la constriñe —la responsabilidad— que construye como opuesta a la espontaneidad.

La inhibición vital se manifiesta en su caso a nivel sintomático como hipocondría. Como buena obsesiva (la hipocondría no es más que un tipo específico de obsesión) Ceci tiene especial dificultad para conectar con las emociones. En realidad, la emoción de fondo es precisamente la que ella niega, el *miedo*. Pero tiene razón en decir que no tiene *miedo a morir*; porque a lo que efectivamente tiene miedo es *a vivir* de forma espontánea, puesto que esto lo asimila fácilmente a irresponsabilidad.

Una insolación de verano

Situado este sueño en su contexto biográfico o existencial, adquiere plena coherencia. Como se ha explicado extensa y detalladamente en otros escritos (Villegas, 2011), Ceci experimenta un primer ataque de ansiedad en relación a un desmayo de su hija de 9 años, una tarde de verano al volver de la playa. Este incidente, en realidad fruto de una insolación, repercute en su ánimo como un aldabonazo que pudiera presagiar amenazas muy graves, en consonancia con la experiencia reciente de la muerte de dos niños por leucemia en la misma escuela a la que asiste la hija.

> C.: *Lo que pasa es que mi hija, con 9 años, se desmayó. Y dos meses antes yo había ido al entierro de dos niños de madres amigas mías, a los que los veía sanos y luego los vi enfermar. Los vi durante la enfermedad y finalmente los vi morir. Y conocí todos los síntomas. Entonces, bueno, murieron. Y a los dos meses mi hija, por causas de nada, tuvo un desmayo y ahí empecé yo a tener ataques de pánico, de angustia, de miedos y a raíz de ahí empecé a tener síntomas físicos, que al final ya me dijo el médico de cabecera que era psicológico, que fuera al psiquiatra… Y desde entonces estoy aquí, porque descubrimos todo aquel mal físico que yo tenía, mareos, temblores, me meaba, me cagaba, vomitaba, perdía peso, unas cosas muy raras, todo muy físico. Pero nunca me imaginé que todo hubiera sido un ataque de pánico. Y llegamos a la conclusión de que todo fue un desarreglo de aquel susto, de aquel miedo, de aquel trauma. Lo que pasa que a mí se me arraigó un poco la hipocondría… Porque, desde que se me se me desmayó la cría, mi obsesión era que le hicieran un análisis de sangre, porque no entendía yo que una niña de 9 años se desmayara. No podía ser; tenía que ser porque tenía algo malo y yo quería un análisis de sangre para ver si se lo detectaban, como a los dos niños les habían detectado la leucemia en el análisis de sangre. Bien, pues le hicieron el análisis y ya después me dijeron que no tenía nada. Simplemente fue una insolación, estar en la playa muchísimo rato. Y ya entonces he estado mala yo, y por eso estoy yo aquí. Después ya ha sido un cúmulo de gilipolleces* [en referencia a las constantes conductas de comprobación]. *Bueno no…*

T.: *De miedos, de miedos…*
C.: *Todo fue miedo, todo era miedo, miedo, miedo… Y yo me di cuenta de lo vulnerables que somos, que en un segundo te puedes morir. Y desde que yo me di cuenta de esa vulnerabilidad, que soy cien por cien vulnerable, no noto nunca que puedo ser cien por cien fuerte. ¿Me explico?*
T.: *Pues, muy bien te explicas.*
C.: *Y entonces solo noto la vulnerabilidad de las personas, la debilidad, nada más. Es lo que presiento y entonces me veo que siempre puedo morir yo, siempre puede morir alguien, siempre puede sufrir alguien y eso me ha matado hasta ahora, hasta hoy.*

Esta situación imprevista activa de inmediato una atención hiperresponsabilizada, en contraposición con la despreocupación habitual con que Ceci vivía su vida. Siguiendo con su comportamiento despreocupado e irreflexivo, no se le pasó nunca por la cabeza que estas u otras enfermedades pudieran amenazar a sus propios hijos. Pero el desmayo de la hija tuvo el poder de establecer de repente la conexión entre los acontecimientos pasados y el momento presente. Por primera vez se sintió responsable de la salud de la hija, y de la suya propia, que hasta ese momento daba por descontado. Su sistema de construcción de la realidad se derribó dramáticamente: *la irresponsabilidad* se transformó en sentimiento de extrema responsabilidad, la espontaneidad en un exceso de vigilancia sobre cualquier señal corporal, desarrollando una grave hipocondría.

Inicialmente la preocupación se centró solamente en la hija, sometiéndola a exámenes médicos y análisis clínicos continuos, yendo de un médico a otro y de una farmacia a otra, como el alcohólico que va de bar en bar para que no se vea que bebe demasiado. Por extensión, la preocupación por la salud de la hija pasa, al poco tiempo, a su propio cuerpo, dado que ella es la última garante de la salud de su hija, empezando a detectar cualquier sensación como síntoma de una clara enfermedad.

La razón de este giro hipocondríaco en la vida de Ceci estriba en el encuentro repentino con la vulnerabilidad en forma de limitación vital (la amenaza de muerte) y de responsabilidad (tener que estar atenta). Este encuentro se produce en dos fases casi simultáneas. La primera es «mi hija es vulnerable (y yo que no lo pensaba)». La segunda es: «yo soy imprescindible (es mi responsabilidad velar por la salud de ella)». A estas dos fases se añade una conclusión lógica o, si se quiere, una tercera fase en el tiempo: «si yo soy imprescindible y a la vez vulnerable, me puedo morir, pero he de evitarlo a toda costa». Para ello ha de estar vigilando de continuo a fin de prevenir que esto pueda suceder (atención a los síntomas de cualquier enfermedad). Esta hipervigilancia implica una continua ansiedad llamada «hipocondría». Esta conciencia de *vulnerabilidad* aparece claramente en otra sesión en la que Ceci empieza a preocuparse porque, según ella, a medida que va cumpliendo años, se acerca más a la vejez, que es otra especie de enfermedad en cuanto precede a la muerte.

> T.: *¿Sabes por qué tienes miedo a la vejez y a la enfermedad? Porque no te fías de tu cuerpo, has aprendido a desconfiar de tu cuerpo. No te fías de que tu cuerpo pueda reaccionar.*
> C.: *¡Qué va! ¡Lo veo muy vulnerable!*
> T.: *Exacto, lo ves muy vulnerable.*
> C.: *Mucho, mucho.*
> T.: *Cuando antes de aquella experiencia tú eras invulnerable. Esto es lo que te ha marcado, que en cuestión de segundos hiciste un cambio en tu vida. Pasaste de no haber pensado nunca que eras vulnerable a pensar que lo eras…*
> C.: *Sí, sí.*
> T.: *Y entonces, como no habías experimentado que eras vulnerable, te cogió totalmente desprevenida y por eso se te activó tanto el sistema de alarma. Todavía no has aprendido a confiar en tu cuerpo, que pueda hacer frente a una enfermedad.*
> C.: *Yo es que me siento… Yo creo que el resto de la gente no tiene miedo de esto… Porque el ser humano en sí… Somos muy vulnerables, porque, a ver… un simple tiro te mata. Entonces yo siempre me siento como esa parte vulnerable del ser humano, la parte de que puedes morirte, de un golpe. Yo me siento así, yo le temo a eso. Yo ya no pienso, es simplemente que me siento vulnerable total: es que me siento frágil, frágil.*

T.: *Hay algo ahí que es importante y es que tú divides el mundo en vulnerable y no vulnerable.*
C.: *Claro. Yo lo tengo dividido así.*
T.: *Claro, lo tienes divido así porque antes tú estabas en el otro lado y vas de un lado al otro: o se es vulnerable o no se es vulnerable. O sea, se es vulnerable pero también se es recuperable. Es decir, todos podemos tener enfermedades, pero el cuerpo tiene capacidad de reaccionar. Por eso no confías en tu cuerpo, porque no pensabas en las enfermedades, o sea, mejor dicho, no pensabas nada.*
C.: *No, no pensaba nada.*
T.: *Y no te habías dado cuenta de nada y, de repente, te diste cuenta. Claro, al hacerlo de repente, no has tenido la ocasión de ver que las cosas no son ni blanco ni negro, sino que hay momentos en los que uno es más vulnerable, momentos en que es menos, que hay un gran factor de azar que no está en nuestras manos, que no lo podemos controlar, que tenemos que confiar y dejar de querer controlar; porque tú quieres controlar.*
C.: *Exacto… Además, parece que el azar viene a mí, ¿sabes? Estoy yo ahí en la lista. O sea, estoy la primera… Hay una fila, pues estoy ahí la primera…*

La percepción de vulnerabilidad, la fantasía de verse la primera de la lista, la lleva a imaginarse muerta o enferma y darse cuenta de que sin ella nada funcionaría en su casa, lo que confirma su idea de ser imprescindible.

T.: *A ver, en tu vida hay algo que no identificas, y que te entra en el cuerpo, pero no se te aclara en la mente y entonces no podemos luchar contra eso, porque no sabes lo que es. Y lo somatizas y lo vives como si fuera una enfermedad y te da miedo. Porque, vamos a ver, supongamos que te mueres, ¿qué te llevas a la tumba?*
C.: *Nada.*
T.: *Sí, te llevas preocupaciones. Preocupaciones. Si faltas tú, ¿qué pasa?*
C.: *Todo se va al carajo. Se quedan mis hijos sin mí.*
T.: *Claro, esa es la presión que tienes. O sea, no puedes permitirte morir.*
C.: *No.*

T.: *Esa es una presión muy fuerte; pero hay más cosas, no solo es esto.*
C.: *Es que ahora me está dando esto, me estoy encontrando mal.*
T.: *Porque te centras mucho en lo que te pasa, porque precisamente forma parte de tu problema, porque como tú no te puedes morir, cualquier indicio del cuerpo…*
C.: *Parece que me voy a morir.*
T.: *Sí, parece que te vas a morir. Pero es que no has resuelto todavía por qué no te puedes morir. O sea, para ser libre uno tiene que poder morirse, porque si no, no puede vivir. Uno puede vivir solamente tranquilo si puede decir «ahora ya me puedo morir».*
C.: *Uy, pero eso es tan difícil de pensar, yo no sé. A mí me pasa que parece que si no estoy yo, no funciona nada. A ver, si yo me pongo mala todo se para. Por ejemplo, si se pone malo mi marido o si él se convierte en estatua de sal, no pasa nada. Pero si yo me convierto en estatua de sal, mi marido entonces ya no puede ir a trabajar, él no sabe llevar una casa, no sabe hacer lo que yo hago. Tengo que estar yo, claro. Y a mí, no me puede pasar nada.*
T.: *Eso, eso; entonces eres imprescindible.*
C.: *Sí.*
T.: *Pero no eres tú. Claro, estás en función de los demás.*
C.: *Claro, sí, me siento totalmente imprescindible, no puedo faltar.*

De este atrapamiento deriva la constricción de la *espontaneidad*, puesto que esta podría haber sido la causa, por omisión, de un efecto no deseado, la muerte de la hija. La *responsabilidad* aparece así como el impedimento para *una vida espontánea*, lo que equivale a desarrollar un miedo a la vida misma. De modo que ahí se cierra el círculo paradójico para el hipocondríaco: «no vive por no morir».

Atrapados en la mente

Llegados a este punto, tal vez algún lector se esté preguntando cómo es que para explicar la naturaleza de la obsesión estemos hablando de casos de hipocondría. La respuesta afecta directamente a la concepción de este texto. Nuestro objetivo es plantearnos, desde una perspectiva amplia, la comprensión de aquellas actividades mentales que resultan disfuncionales a su propósito; a saber, que, en lugar de llevarnos a la resolución de un problema lo que hacen es exacerbarlo, atrapándonos en el propio intento de solución al generar circuitos recursivos, que vuelven siempre al punto de partida.

Por ejemplo, el circuito recursivo en el caso de la hipocondría es muy claro: «no vivir por no morir», paradoja que encuentra su antecedente poético místico en los versos de Teresa de Jesús: «vivo sin vivir en mí y tan alta vida espero, que muero porque no muero». En efecto, Ceci, para asegurarse de que no existe en su organismo ningún germen de enfermedad que pueda desembocar en muerte, debe controlar constantemente los marcadores de riesgo a través de análisis de sangre, consultas médicas, búsqueda de información, etc. Esto, a su vez, da lugar a nuevas dudas y plantea nuevas cuestiones a las que intenta dar respuesta a través de los mismos sistemas de comprobación que las han generado y así hasta el infinito, haciéndole «la vida imposible».

Si nos atenemos a la definición de compulsión del DSM-V, está claro que las comprobaciones que lleva a cabo Ceci pueden ser entendidas como tales, a saber:

> comportamientos repetitivos [...] cuyo objetivo [...] es prevenir [...] o evitar algún suceso o situación temida; sin embargo, estos comportamientos [...] no están conectados de una manera realista con neutralizarla o prevenirla, o bien resultan claramente excesivos.

Y que sus pensamientos van más allá de las preocupaciones, aunque sean excesivas, por los problemas de la vida real:

> pensamientos [...] recurrentes y persistentes que se experimentan [...] como intrusos y no deseados, que causan ansiedad o malestar importante y que el sujeto intenta [...] neutralizar [...] con algún otro acto (en ese caso una comprobación tras otra).

Este tipo de comportamientos no solamente se observa en la hipocondría, sino también en muchos otros trastornos mentales, como por ejemplo en los TCA (trastornos de la conducta alimentaria). El DSM-V, considera la hipocondría, sin embargo, como un trastorno independiente o diferenciado del espectro obsesivo, a la que llama «trastorno de ansiedad por enfermedad» (IAD, *Illness Anxiety Disorder*), mientras que asimila los trastornos de acumulación, dismórfico corporal (TDC) o la tricotilomanía (TTM, arrancarse los pelos) como trastornos propios del espectro obsesivo. La razón de estos cambios en la concepción del DSM-V estriba en la prevalencia de un paradigma neurológico o psiquiátrico que entiende los trastornos mentales como disfunciones en los circuitos neurales implicados en diferentes dominios de la cognición, la emoción y el comportamiento, sobre el psicológico, que es el que seguimos aquí.

Como ya queda dicho en el título y en las primeras páginas de este libro, y al margen de discusiones de escuela, en este texto hablamos de mente y no de cerebro. La visión puramente neurológica del fenómeno «obsesivo» corre el riesgo de vaciar de significado o intencionalidad, aislándolas de su contexto de producción, a las conductas de lavado o de comprobación, por ejemplo, características de los trastornos obsesivos propiamente dichos, poniéndolas al nivel explicativo de la tricotilomanía o de un tic *(paradigma TicToc).*

Hablar de «la enfermedad de pensar» nos invita a considerar las razones por las que el pensamiento, secuestrado por fuertes emociones o temores, es capaz de bloquear o distorsionar la actividad mental, atrapándola en el callejón sin salida de la paradoja mental. A su vez, la concepción psicológica de los trastornos del espectro obsesivo, incluido el trastorno de personalidad obsesivo compulsivo (TPOC), permiten su abordaje psicoterapéutico, más allá de o en colaboración con el psiquiátrico.

Cabe advertir, por tanto, que en este texto no seguimos un planteamiento estrictamente clínico o psiquiátrico, sino que, desde una perspectiva fenomenológica y, si se quiere, incluso antropológica, como la que venimos siguiendo en los monográficos de esta serie de *Atrapados* (Villegas, 2022, 2023), nos interesa acercarnos al fenómeno con una mirada más amplia y transversal, en la que quepa toda la complejidad de la experiencia «obsesiva», entendida como una «constricción de la espontaneidad» (Villegas, 2000). Esta, en efecto, se interfiere entre el pensamiento y la acción sembrando la duda, la inseguridad, el temor, la inhibición, y dando lugar a la rumiación y la preocupación ansiosa.

Este planteamiento conlleva a su vez un cambio de perspectiva etiopatogénica: no es la obsesión la que causa la pérdida de la libertad (espontaneidad), sino esta la que causa aquella. La invalidación de la espontaneidad lleva a la enajenación de los propios referentes internos y, en consecuencia, a la sumisión a los externos, que tiene como resultado o bien la adhesión ciega a ellos (rigidez) o bien la duda e inseguridad perpetuas (rumiaciones), como puede verse en el gráfico siguiente.

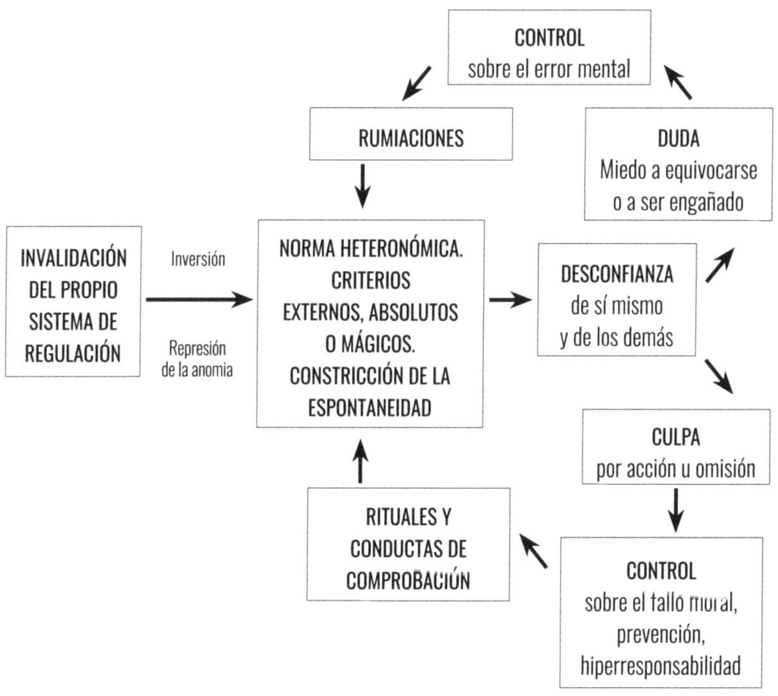

GRÁFICO 1 · DIAGRAMA DE FLUJO DE LOS PROCESOS OBSESIVOS

El gráfico en la página anterior, que iremos desarrollando a lo largo de este libro, nos ofrece un mapa semántico de los procesos obsesivos que nos permite leer la lógica de su significado e incluir en su recorrido pensamientos y comportamientos, presentes en otros trastornos, como la anorexia restrictiva, el trastorno dismórfico corporal o la hipocondría, que podemos considerar bajo un mismo prisma obsesivo general.

El circuito inicia con la invalidación del sistema epistemológico con el que el sujeto se regula a sí mismo. En el caso de Ceci, por ejemplo, su regulador es la espontaneidad. Desde la espontaneidad, Ceci puede decidir libremente, sin constricciones, sin rumiaciones, dudas o escrúpulos. Su vida discurre plácida y fluidamente. Antes del acontecimiento desencadenante del desmayo de la hija, Ceci tiene una percepción de sí misma como «no-mortal», de invulnerabilidad. No es que Ceci se crea «inmortal», sino que las ideas de enfermedad o de muerte no entran en su horizonte actual y no interfieren en sus pensamientos de modo intrusivo. Previamente, reconoce la paciente,

> *Yo era solo yo: trabajaba, comía, dormía, me iba de paseo, me divertía, como si no tuviese un cuerpo, ahora ya no soy yo misma en el intento de controlar cualquier síntoma corporal.*

La aparición repentina, como un rayo, de la amenaza a la vida de la hija en forma de sospecha de leucemia arranca de cuajo la espontaneidad y la sustituye por la hipervigilancia, como si se dijera:

> *No puedo continuar viviendo sin preocuparme como he hecho hasta ahora; si algo ocurriera, yo sería responsable de no haber hecho nada por evitarlo; he tenido suerte hasta ahora, pero no puedo seguir fiándome de la suerte; tengo que controlar continuamente y por esto tengo que aumentar mi estado de alerta, limitando mi libertad.*

Ceci se ha hecho consciente, de repente, al cien por cien, de su vulnerabilidad y de la de su hija. Ahora nada es seguro, cualquier señal fisiológica es una amenaza a su integridad física. Nacen la sospecha y la desconfianza sistemáticas. Esta desconfianza se hace extensiva a sí misma y a los demás. No se fía de su propio cuerpo. «*Donde está el cuerpo está el peligro*», repetirá con frecuencia a lo largo de la terapia. Tampoco se fía de la mirada diagnóstica que es falible, que se puede equivocar.

De esta desconfianza nace la duda (miedo a equivocarse o a ser engañada por los médicos, los errores diagnósticos o los fallos en las analíticas), que la lleva a rumiar y a comprobar, alimentando de nuevo la desconfianza que a su vez alimenta la culpa. Esta se sustenta en la convicción de que la última responsable de mantener el circuito de hipervigilancia sobre síntomas, pruebas, analíticas, diagnósticos o consultas médicas es ella misma y de que cualquier descuido o relajación en controlarlo le sería atribuible por omisión. Para neutralizar o prevenir el sentimiento de culpa, Ceci entra en el circuito sin fin de las comprobaciones, que nunca son concluyentes, alimentando de nuevo la desconfianza sobre la que se asientan la duda y la culpa y así hasta el infinito.

Estos tres componentes estructurales de la obsesión, desconfianza, duda y culpa, van a ocupar nuestra atención en el próximo capítulo, puesto que son, en última instancia, los responsables de la alteración en el funcionamiento del pensamiento obsesivo, los que dan cuenta de su estéril circularidad y de los distintos mecanismos de control puestos en marcha con la vana intención de neutralizarlos. Se trata, en definitiva, de estados mentales perturbados por el miedo, un gran miedo a la libertad, lo que permite definir la obsesión como «la constricción de la espontaneidad».

2. El trípode obsesivo

Llamamos trípode a una estructura con tres patas, tanto si sirve para sostener una cámara fotográfica o un telescopio como el cuadro de un pintor. Nos referimos con esta metáfora a la naturaleza de los componentes estructurales sobre los que se sustenta la obsesión. Estos pueden ser resumidos en tres categorías que ya han aparecido abundantemente a través de los ejemplos y las consideraciones que hemos desarrollado hasta este momento: la desconfianza, la duda y la culpa. La primera hace referencia a su índole emocional; la segunda, a su naturaleza cognitiva; la última, a su condición moral. Todas ellas están íntima y recursivamente ligadas entre sí, tal como puede observarse en el gráfico 1, titulado «Esquema general del sistema obsesivo», que hemos presentado y comentado al final del capítulo anterior.

Como esquema general, es posible que solo pueda ser comprendido en toda su complejidad en la medida en que se haya completado la lectura de este texto, por lo que iremos haciendo repetidamente mención a él a lo largo de los sucesivos capítulos. De esta gráfica queremos destacar, sin embargo, en este momento, su punta de lanza, que representa precisamente los tres componentes estructurales del trípode que hemos señalado.

La desconfianza

«Latet anguis in herba», en la hierba se esconde la serpiente. Este versículo 93 de la tercera Bucólica de Virgilio, recogido por Shakespeare en *Macbeth* (1, 5) advierte de la necesidad de no fiarse de las apariencias y de la conveniencia de mantener siempre una actitud desconfiada y vigilante, actitud que nos acerca a la del paranoico. A diferencia de este, sin embargo, el obsesivo desconfía por sistema no solo de los demás, sino también de sí mismo. De sí mismo, porque no puede estar seguro de acertar en sus decisiones, de los demás, porque pueden engañarle.

A partir de estas premisas, el obsesivo está atento a los más mínimos detalles: puede desconfiar de las intenciones y la competencia de su terapeuta, llegando a hacer comprobaciones de la autenticidad de sus títulos. Quiere conocer su opinión respecto a los más diversos temas morales, religiosos, políticos, pedagógicos, intentando ponerlo a prueba. Busca activamente cualquier contradicción real o aparente en sus palabras o actitudes, introduciendo en la relación terapéutica la actitud hipervigilante que mantiene hacia sí mismo.

Esta desconfianza puede constituir, sin duda, un grave inconveniente tanto en el ámbito médico como en el psicológico. Un campo particularmente propenso a la aparición de la desconfianza es el de las enfermedades psicosomáticas, dado que las explicaciones médicas no satisfacen y las psicológicas no convencen.

Si no es físico, será psicológico

Alicia es una paciente de 32 años que acude a un grupo de psicoterapia derivada por su médico de cabecera, después de un largo recorrido por los departamentos de medicina digestiva, donde no saben encontrarle una causa orgánica para sus dolencias somáticas.

> Alicia: *Por fin, desde hace seis meses que intenté pedir que me visitara un especialista digestivo, ya lo conseguí. Y me están haciendo pruebas que*

me dan pánico… Mañana, por ejemplo, tengo que ir a hacerme unas radiografías y estoy fatal. O sea, hasta una simple radiografía me provoca problemas, ¿no? Y el médico, porque tengo la impresión que le explico lo que me pasa y que piensa que es psicológico, que quizá no sé, no puede hacer nada; pero pienso que no me está haciendo caso. Porque yo me encuentro mal. Tengo problemas, estoy mareada todo el día, con ganas de vomitar y no sé qué hacer. Porque si supiese que es psicológico, miraría de superarlo. Y no sé, os lo quería comentar, porque no sé si servirá de algo, pero esto es uno de mis problemas graves. Cuando estoy enferma no me puedo enfrentar a nada. No confío en los médicos. En vosotros, los psicólogos, psiquiatras y tal, hasta ahora sí confío, pero en los médicos de otro tipo, pues no.

Terapeuta: *¿Y cómo podrías saber qué es psicológico?*

A.: *Es que no lo sé, porque yo creo que a lo mejor algo… O sea, digamos, no sé si es la misma enfermedad que a lo mejor me provoca problemas psicológicos, pero yo creo que las dos cosas se pueden dar, pero digamos que no sé determinar en qué momento es cada cosa, ¿no?*

T.: *Es una situación complicada, porque, por una parte, puede ser que los médicos no encuentren nada, si todos los instrumentos de análisis dan negativo. Generalmente, cuando se dice que algo es psicológico, es cuando no se encuentra un factor de tipo fisiológico que explique un trastorno. Entonces tú has dicho antes que si fuera algo psicológico, al menos sabrías a qué atenerte. Pero también has dicho que tienes miedo a que te digan que eso es algo psicológico, porque puede ser interpretado como que no te hacen caso.*

A.: *Sí, es cierto.*

T.: *Porque los médicos a veces dicen «eso son nervios», «es psicológico»… Los nervios tampoco son, porque viene un neurólogo y dice «no, no son». O sea, no es el sistema neurológico. Pero «nervios», entre comillas, es decir ansiedad, angustia, quiere decir un trastorno de tipo psicológico, ¿no? Que es posible. Pero claro, la cuestión está puesta en unos términos en que para ti ahora es difícil creértelo, porque si los resultados del análisis dan negativo y por exclusión se dice que si no es fisiológico es psicológico, entonces parece que para ti esta forma de llegar a la conclusión de que es psicológico no es una que a ti te convenza. ¿Es así?*

> A.: *Exacto. Digamos que parece que ellos no le den mucha importancia a esto, porque no es lo suyo, ¿verdad? Por eso yo vine hasta aquí… Porque pensé, pues bueno, si no es nada físico, puede ser psicológico.*

Como se puede ver, la necesidad de saber y a la vez la imposibilidad de llegar a saber constituyen el núcleo esencial del discurso de Alicia en este breve fragmento de diálogo: «no sabe, si supiera…, pero no puede saber». Los médicos tampoco saben y, si afirman algo, es por exclusión. Todo esto lleva a Alicia a desconfiar de los médicos en general, a excepción de psiquiatras y psicólogos, por el momento. Pero, sobre todo, el obsesivo desconfía de sí mismo y de sus propias capacidades. No se fía de su criterio, que considera falible; no se fía de sus intuiciones, que siente borrosas; no se fía de su voluntad, que nota inconstante; no se fía de sus emociones, que percibe volubles; no se fía de su memoria, que siente insegura. En los momentos de mayor ansiedad no se fía ni de sus propias sensaciones y percepciones. Necesita comprobar.

¿Qué marca era?

Giuseppe, un paciente de unos 50 años, referido por Mancini (2021), se veía asaltado por dudas intrusivas, persistentes y repetidas acerca de acontecimientos que él mismo reconocía como absolutamente triviales e irrelevantes. Por ejemplo, podía ser que caminando por la calle pasara por delante de un cartel publicitario y que después de pocos metros empezara a dudar de si el coche del anuncio era un Fiat o un Ford, porque lo único seguro era que empezaba por «F». En ese punto, se sentía obligado, para aclarar la duda, a volver atrás y comprobarlo. Una vez comprobado se alejaba, pero, de nuevo, la duda volvía a presentarse en su mente. Se veía forzado a volver atrás nuevamente. Esta vez se tranquilizaba y podía proseguir. Pero por la noche, cuando se iba a la cama, la duda se le volvía a presentar. No se quedaba tranquilo hasta que salía de casa e iba de nuevo a comprobarlo o bien uno de los familiares con quien convivía se tomaba la molestia de ir a comprobarlo en su lugar.

La duda podía referirse a otros hechos igual de triviales como, por ejemplo, si un peatón llevaba bigote o no, si un colega suyo el mismo día del año anterior había estado de servicio, de vacaciones o enfermo. Para intentar asegurarse de sus percepciones, el paciente decidió proveerse de un bloc de notas y apuntar en él toda la información útil para resolver eventuales dudas. Después de pocos días, la cantidad de blocs de notas escritos se hacía incontrolable. El paciente estaba desesperado por el absurdo de sus dudas, que le parecían absolutamente insensatas, «¡Pero si a mí me importa un comino si era un Fiat o un Ford!». También estaba muy preocupado por el caos que la necesidad de comprobación constante acarreaba a su vida cotidiana, pero, sobre todo, estaba asustado por el funcionamiento de su mente.

Con tal de asegurarse y entrenarse, empezó a comprobar el funcionamiento de su memoria. Se ponía a prueba para ver si conseguía recordar lo que había comido el día anterior, la publicidad que había aparecido una hora antes en la televisión, dónde había estado el mismo día del año anterior. Tras un par de días tuvo la impresión de que el juego se le había escapado de las manos y de que lo estaba absorbiendo demasiado, distrayéndolo de las obligaciones más importantes. Entonces empezó a intentar expulsar de su mente las dudas y a no plantearse más preguntas para poner a prueba su memoria. Este intento resultó un desastre. En efecto, las dudas empezaron a aumentar y con ellas también el miedo a haberse metido en el camino de la locura. Como solución, Giuseppe incrementó los intentos de autocontrol de sus pensamientos y de este modo tuvo una sensación cada vez más clara de estar hundiéndose en arenas movedizas. Ahora, toda su atención giraba alrededor de las dudas, los intentos de controlarlas y el terror de la locura.

El escepticismo radical y la búsqueda de certeza

La desconfianza respecto a las propias capacidades cognitivas del obsesivo puede hacerse extensiva a la capacidad humana de conocimiento en general, instalándose en una especie de escepticismo o relativismo epistemológico radical, a partir de la idea de que cualquier representación mental o sensación percibida del mundo exterior es una construcción del propio cerebro, llegando a la conclusión de que no es posible el conocimiento de la realidad absoluta o en sí misma considerada.

Sin embargo, comoquiera que el relativismo epistemológico se le hace insoportable, el obsesivo busca desesperadamente certezas absolutas donde agarrarse: la perfección, la ciencia, la pureza. No le basta el conocimiento ordinario, la experiencia cotidiana, la certeza empírica: exige demostraciones irrebatibles. No es extraño que los obsesivos dirijan a los demás y, particularmente a su terapeuta, preguntas que podríamos calificar de metafísicas o existenciales sobre el sentido de la vida, la existencia de Dios o la justificación del mal.

Para sus decisiones cotidianas, tanto de carácter práctico como moral, el obsesivo puede requerir también la seguridad de algún referente externo: signos mágicos, como combinaciones de números, palabras o letras, o directamente de alguna figura de autoridad, como el propio terapeuta. La paciente Lola Voss, a la que nos referiremos más adelante, en el periodo entreguerras, aun estando a centenares de kilómetros de su terapeuta, le pedía por carta su opinión para cada decisión que debía tomar en su vida. El paciente moralmente escrupuloso debe consultar constantemente a su confesor sobre la moralidad de sus pensamientos o sumirse en largas e inacabables rumiaciones.

¿Soy gay o no soy gay?

De esta forma el obsesivo se comporta, como expresivamente dirá uno de ellos, como «un teleñeco», carente de referentes propios. Esta carencia puede tener su origen ya en los primeros años de la infancia o aparecer de manera subsecuente a experiencias capaces de hacer tambalear las convicciones o seguridades más sólidas adquiridas a través de los años. Este es el caso que plantea Miguel, paciente de 46 años, en su consulta terapéutica (Villegas y Turco, 1999):

> *Pasó que este verano conocí a un hombre. Empezamos a vernos. En pocas palabras, empezamos a tenernos simpatía y a mantener relaciones. La historia continuó. Yo hablé de ello con mi mujer, que lo sabe todo... Digamos que si yo hubiera sido una persona normal, no hubiera dado más importancia a esta historia. Si mi mujer me hubiera dicho «vete, eres gay», puede que esta historia hubiera terminado. Pero mi mujer solo me dijo «son cosas que pasan en la vida». Dice que no puede olvidarme en absoluto, porque siempre ha vivido cerca de mí. Y la historia ha continuado... Esto es lo que me atormenta: que mi mujer me siga diciendo que ha vivido 23 años de felicidad conmigo y yo, después de 23 años, me encuentro con que no sé. Ella no entiende por qué han pasado estas cosas. Yo también quería entender por qué me han pasado estas cosas. Si soy gay o no soy gay. ¡Eso es todo!*

En el fondo la gran cuestión a resolver por Miguel es la de su orientación sexual, de la que las demás son consecuencia: «soy gay o no soy gay», porque si soy gay todo queda justificado, pero, si no lo soy, ¿cómo entender lo que me ha sucedido? Pero si lo soy, ¿cómo explicar los 23 años de felicidad en el matrimonio? Y si lo soy, ¿lo soy por naturaleza o me he convertido en tal con el paso del tiempo? ¿Es el resultado del destino o de una decisión mía? Y tanto si lo era como si no lo era, ¿cómo no me había dado cuenta? ¿Cómo puedo saberlo? El intento de dar respuestas a estas preguntas constituye el núcleo de su demanda terapéutica inicial.

Paradójicamente, la seguridad que el obsesivo busca de este modo en los demás, dado que no la encuentra en sí mismo, tampoco tiene una base muy sólida en la que sustentarse, puesto que también ella se asienta sobre la confianza, que, en último término, implica el riesgo del engaño y del error. Además, ¿cómo podemos confiar en la información que nos viene de fuera, de los demás, sean los profesionales de cualquier especialidad, los políticos o los medios de comunicación, en la era de la posverdad y de la inteligencia artificial (IA)?

Cualquier acción humana se ejecuta sobre la base de un cierto grado de fe y confianza: se cree que algo es así, o lo ha sido hasta el presente y puede haber cambiado, y se confía en que irá bien o producirá su efecto de esta manera, porque nos lo dice la experiencia, nuestra capacidad de discernimiento, la confianza en los demás o, simplemente, una corazonada.

El conocimiento científico, la aportación de evidencias, los controles objetivos y externos, los aparatos de medición, etc., son complementos a nuestro conocimiento, instrumentos de apoyo a la seguridad interna del sujeto; pero no la constituyen: esta se basa en la intuición, la percepción, la experiencia, la confianza en uno mismo y en las propias facultades y en la creencia en las buenas intenciones de los demás, mientras no se demuestre lo contrario. La lógica obsesiva, en cambio, parece seguir el camino contrario, el de no fiarse ni de su sombra: *piensa mal y acertarás*.

La gran pregunta que para el obsesivo, así como para el filósofo escéptico, queda siempre abierta y sin responder es «¿cómo sé que mis sentidos o mi razón no me engañan?». Y si mis sentidos me pueden engañar, ¿cómo sé que los demás no solo me pueden engañar a mí, sino que también se engañan a ellos mismos? Y si existe la verdad, ¿cómo puedo estar seguro de poder acceder a ella? Todas estas preguntas nos introducen de inmediato en el campo de la duda como método empírico de resolver la inseguridad o la desconfianza, en caso de poder despejarla inequívocamente.

La duda

«*Amicus Plato, sed magis amica veritas*» (Platón, amigo; pero más amiga, todavía, la verdad). Este aforismo, atribuido a Aristóteles por Amonio de Hermia, y que puede deducirse de un texto de la *Ética a Nicómaco* (1.6), pone por delante del argumento de autoridad la búsqueda de la verdad y la certeza como criterio epistemológico.

Hubiéramos podido encabezar este apartado con otro aforismo, esta vez tomado del Evangelio: «Conoceréis la verdad, y la verdad os hará libres», pero el problema radica, precisamente, en saber qué es la verdad y, sobre todo, cómo podemos llegar a *conocerla*. El objeto de la obsesión se convierte en una cuestión criteriológica. Por eso la vida del obsesivo está marcada por la búsqueda de evidencia y certeza, su obsesión alcanza niveles epistemológicos parecidos a los que planteaba Descartes en su *Discurso del Método*: ¿cómo puedo saber que sé y que lo que sé es cierto y no me engaño? La respuesta de Descartes es conocida, en tanto que está seguro de no poder dudar de que duda y que sus sentidos o percepciones internas no le engañan, puesto que Dios aparece como garante de ellas. Dios no puede permitir que los sentidos de los que me ha dotado me engañen. En consecuencia, para Descartes, es posible el conocimiento, solo que el conocimiento científico precisa una percepción clara y distinta y, por tanto, un método suspicaz, orientado a comprobar y demostrar cada una de sus afirmaciones de forma inequívoca.

Errare humanum est

Ante esta amenaza de errar, y por tanto de caer en una invalidación criteriológica, el obsesivo se protege acogiéndose a criterios exteriores que considera más fiables que los suyos. En este sentido, para poder fiarse de su criterio, Ernesto, caso referido por Sonia Tapia (2002), estudiante de derecho de 21 años, necesita sentirse seguro, y esta seguridad solo la encuentra en el conocimiento científico o formalizado.

> *Una de las cosas es quizá intentar evitar engañarme. Me refiero, antes era quizá más irreflexivo de lo que soy ahora. A lo mejor tenía bastante prejuicio o tenía las cosas bastante predeterminadas, ya. Entonces, ahora quizá muestro menos conocimientos, ¿no? Pero a lo mejor es porque intento hablar sobre las cosas que sé, o sea, intento ser más reflexivo, o sea, analizar un poco más las cosas. Aunque antes me presentase como alguien reflexivo, a lo mejor para convencer metía cosas de las que no tenía seguridad, o sea, hablaba sobre sofismas, vaya, cosas que parecen lógicas pero no están probadas. En vez de hablar sobre sofismas, que no tienen una base real, pues coger esa base real y crear esa lógica, a partir*

> *de esa base real. O sea, que no caiga en contradicciones, en las que a veces caía antes, ¿no? Y es ahí donde comienza mi falta de seguridad o termina. Y es eso. A lo mejor era más lógico, o sea, tenía una forma de pensar muy lógica, pero a lo mejor no era la correcta.*

Esta búsqueda de valores absolutos a través de pruebas de evidencia y de sumisión a los criterios de autoridad constituye el proceso de adquisición de conocimiento del obsesivo. No acepta que el conocimiento humano sea, por naturaleza, incompleto y provisional, sin que eso lleve al cuestionamiento de la validez del propio criterio.

Ernesto solo confía en su criterio cuando se basa en la certeza, en el conocimiento y, a fin de cuentas, en un criterio externo más fiable e inamovible que el suyo, por lo cual, para conseguir confianza en sí mismo y ser «independiente» de los demás, necesita «llenar sus huecos» con conocimientos.

> *Una de las cosas que siempre me ha hecho sentir bien ha sido leer. Siempre que leo un libro y tengo más conocimientos que antes, noto que he evolucionado en algún aspecto. Me produce una sensación muy positiva, como sensación de que tengo algo que los demás no tienen. Me da seguridad. Me refiero, yo creo que escogí la carrera de derecho porque era una carrera que me daba seguridad a la hora de enfrentarme a la vida. Entonces cuando yo leo el libro, y veo que lo que estoy leyendo es asimilable, y eso se corresponde con la realidad, y que eso me vale de algo, pues te sientes mejor, te sientes un poco más seguro... Es que intento pensar en todas las situaciones una a una y no sé... Es que hay cosas en que tengo criterio, y hay otras que no, depende. Lo que sí es que, si el tema lo domino, tengo un criterio a lo mejor más fuerte que si no tuviese información sobre eso. Normalmente no tengo criterio por falta de información, intento basar mi criterio en cosas que tengo asimiladas, y a lo mejor la otra persona también tiene poca información sobre el tema, pero te convence, a lo mejor parece que tiene una seguridad que tú no tienes a la hora de decir eso. La información es lo que da seguridad.*

En contraposición, en el ámbito en el que las cosas no están tan claras (no existe la certeza absoluta, ni unas reglas universales), como es el ámbito social y emocional, se siente perdido y totalmente limitado. Esta falta de confianza en sí mismo hace que se enfrente a las relaciones sociales con gran inseguridad y sentimiento de estar en «inferioridad de condiciones», ya que los otros, aunque más ignorantes, sí confían en sí mismos y denotan seguridad. Por eso Ernesto dice que «siempre le convencen».

Terapeuta: *O sea que el criterio que te sirve para darte seguridad es el conocimiento.*
Ernesto: *Sí, lo que pasa es que eso no te sirve para las personas, me refiero, es como si fuese totalmente más fácil, a lo mejor, enfrentarme yo a los objetos, o sea al mundo, digámoslo así, que enfrentarme a una persona. Porque es intentar a lo mejor conocer cómo es aquella persona, ¿eh? O sea, saber lo que quiere decir con eso, saber lo que piensa, lo que siente, entonces eso me ha dado siempre un poco de… No sé, de miedo.*
T.: *Claro, y eso no está escrito.*
E.: *Claro, no está escrito, o sea, no hay unas normas para que me digan cómo funciona, y por eso siempre a la hora de enfrentarme pues, sobre todo, a un diálogo. A lo mejor la gente es natural hablando y lo que piensa lo dice y tiene más recursos para enfrentarse a otra persona, pero yo siempre estoy pensando en muchas cosas. Me refiero a que no tengo una idea muy clara y entonces tengo muchas dudas de muchas cosas. Y ahí, quieras o no, el diálogo lo domina la otra persona, porque el otro tiene una idea fija, y yo tengo varias, pero que siempre deja como puntos suspensivos, no define mucho las cosas; o sea, no las coge de no sé cuál es el sentimiento. Digámoslo así, porque yo no tengo criterios estables o ideas fijas para poder mantenerme ante esa persona.*
T.: *¿En qué sentido no tendrías unos criterios o unas ideas fijas?*
E.: *Me refiero a que si ellos siempre me argumentan los hechos, y creo que su argumentación es lógica, pero es contradictoria a la mía, pues muchas veces lo que hago es asimilar la suya, o sea, les doy la razón. Me refiero a que es fácil convencerme… Si creo que su forma de pensar es lógica…*

El problema no es solo explicar cómo conocemos, sino cómo podemos estar *seguros* tanto de conocer como de lo conocido: es, en último término, una cuestión de confianza. Por eso el lema que hemos escogido para este tipo de obsesiones hace referencia a la oposición entre verdad y amistad.

El obsesivo desconfía. Desconfía de los demás y, en último término, de sí mismo. No le basta la amistad (la confianza) para *creer (amicus Plato)*, sino que necesita la verdad (*amica veritas*), olvidando que esta es imposible sin aquella. Antepone la verdad al afecto, la filosofía a la vida, invirtiendo el conocido aforismo escolástico: *Primum vivere, deinde philosophare* (primero vivir, después filosofar), como si pudiéramos vivir en un mundo de esencias puras, parecido al mundo de las ideas platónicas preexistentes, que se nos presentan de forma inmediata a la mente, donde, como decía un paciente, «*hallar respuesta a todas las preguntas*». Tal vez, la aparición en escena de la inteligencia artificial (IA) genere alguna modificación específica en relación a la dinámica de la mente obsesiva, que todavía está por investigar.

La razón pura vs. la razón práctica

El obsesivo tiene una representación del mundo basada en el realismo ontológico: es decir, en la presunción de que no solo las cosas materiales tienen una existencia objetiva, sino que incluso los objetos mentales gozan de ella. Así, por ejemplo, en una investigación experimental, a la pregunta sobre la existencia objetiva de los números, en el sentido de si continuarían existiendo aunque el ser humano desapareciera del universo, los obsesivos, contrariamente a otros grupos de pacientes, responden afirmativamente. Es decir, que dos y dos continúan sumando cuatro, aunque no haya ninguna mente humana que los cuente. Esa especie de mundo pitagórico en el que los números regulan la *harmonia mundi,* una especie de concepción ontológica de la matemática, constituye una base segura para el pensamiento obsesivo.

Desde el punto de vista cognitivo, la obsesión es el resultado de hacer de la duda metódica no una forma de procedimiento científico, sino vital. Ahora bien, ¿qué es lo que lleva a la duda metódica? El miedo a ser engañados o a equivocarnos, la búsqueda, en consecuencia, de la *certeza* absoluta. No se trata para el obsesivo de una cuestión atinente a la razón pura, sino a la razón práctica, con el resultado paradójico de invertir toda su vida en la resolución de problemas abstractos, dando prioridad a la filosofía sobre la vida. Como escribe uno de ellos en sus apuntes, «se necesitan criterios absolutos (razón pura) para vivir (razón práctica)». De hecho la duda afecta a todas aquellas áreas que se consideran objetiva o subjetivamente como trascendentes —o al menos necesarias— para la supervivencia y la autoestima y que por sí mismas son estructuralmente inciertas. Afecta también a todas aquellas de las que no se puede estar nunca definitivamente seguro o a todas aquellas a las que se quiera proyectar la sombra de la duda y que resultan de vital importancia para el sujeto.

La decisión de Sophie

Cualquiera de nosotros, independientemente de su estructura de personalidad, estaría dándole vueltas indefinidamente a lo correcto o no de una decisión como la que se ve obligada a tomar la protagonista de la película *La decisión de Sophie*, cuando los nazis la conminan a llevarse con ella al campo de concentración solo a uno de sus dos hijos: el niño o la niña. El niño es más pequeño, piensa la madre, y no podría sobrevivir en un mundo de hombres adultos; en cambio ella lo podrá llevar consigo, cuidarlo y protegerlo, apoyada por otras mujeres; por otra parte la niña ya es algo mayorcita, sabrá defenderse mejor y será deportada junto con otras mujeres que seguramente tendrán más cuidado de ella del que tendrían los hombres con el niño. Esta decisión, que en un primer momento puede parecer la más sensata y adecuada a una situación como esa, se presta, sin embargo, a toda una serie de dudas que la cuestionan indefinidamente. ¿Y si los soldados abusan sexualmente de la niña, la violan y la asesinan? ¿Y si los hubiera dejado a los dos y, de este modo, se los hubiese ahijado tal vez la mujer de un coronel nazi sin descendencia o hubiesen sido llevados a una institución para huérfanos? ¿Y si, dado que tanto el niño como la niña van a parar de este modo a campos de concentración femeninos, acaban todos muertos porque las mujeres les resultan una carga económica inútil a los nazis, y en cambio existen más probabilidades de supervivencia en un campo de concentración masculino, puesto que los hombres pueden serles útiles en la ejecución de trabajos de fuerza?

¿Cómo encontrar la solución correcta a tales dilemas? No, desde luego, recurriendo a la lógica (racionalidad) ni al azar (irracionalidad), sino dejándose llevar por la intuición, aunque sea a riesgo de equivocarse. Ni la lógica ni la inteligencia artificial (IA) son capaces de resolver por sí mismas dilemas de este tipo, puesto que los argumentos a favor o en contra de cualquier resolución pueden llevarnos al infinito. El recurso al pensamiento mágico o irracional tiene el valor de calmar, pero no de resolver. El dramático balance que se origina ante la duda respecto a las distintas alternativas plantea las limitaciones del pensamiento para la toma de decisiones.

Por ello, una de las características estructurales de la obsesión es la duda: «no sé si he pensado, si he consentido, si he deseado, si me he contagiado, si he hecho o dejado de hacer, si hago bien o si hago mal, si me quiere o no me quiere». La duda es un componente esencial de toda obsesión y, como tal, la veremos reaparecer en todas sus modalidades. Pero hay ocasiones en que la modalidad fenomenológica predominante de ciertos grupos de obsesiones coincide con su característica estructural: la duda se establece a propósito del *conocimiento* de la verdad. Para estas personas la verdad está por encima de todo, pero no tienen modo de estar seguros de poseerla.

El positivismo absolutista

En consecuencia, la gran solución de los obsesivos es el determinismo, la ciencia, el orden, la perfección, la limpieza, la castidad. Todo aquello que es absoluto y, por tanto, no ofrece margen a la duda.

Esta es la razón por la que los obsesivos otorgan una importancia tan trascendente a todas aquellas actitudes que, aparentemente, no presentan fisuras, que tienden a lo absoluto. La única manera de no tener dudas sobre el origen de un determinado fenómeno es explicarlo por la reducción a sus causas; estas, sin embargo, tienen que ser lo más simples posible, puesto que, con el aumento de la complejidad, aumenta la duda. Hay que empezar, por tanto, por reducir las causas a las eficientes, evitando cualquier referencia a las finales.

En este punto, el obsesivo actúa como el científico positivista: no solo se limita a las causas eficientes, sino que parte del principio que lo más complejo se debe explicar siempre por lo más simple. Así, por ejemplo, la esquizofrenia se debe a algún defecto de la química cerebral, de carácter además, innato. Cualquier otra explicación viene sistemáticamente descalificada, con lo que se empobrece notablemente la posibilidad de aumentar el conocimiento.

No puedo creérmelo

Ceci, la paciente que hemos presentado ya en el primer capítulo, acude a terapia por una sintomatología hipocondríaca de largo recorrido. Casi al inicio de una sesión refiere estar mareada y no haberse tomado la tensión, pero no le encuentra lógica a sus mareos.

> C.: *Si no es una enfermedad ni tengo nada, entonces, ¿qué es? Lo que pasa es que soy una persona que necesita explicaciones. A mí me tienen que explicar las cosas como a un niño de 6 años. Yo tengo que entenderlo todo, tengo que encontrarle una lógica… ¿vale? Todo, todo tiene una lógica y yo a lo mío no le encuentro lógica. Yo quiero una explicación y no encuentro explicación; quiero una lógica. Yo quiero «esto es así, porque esto es así* [toca la silla en señal de algo concreto]. *Yo tengo diabetes porque el páncreas* [señala el área abdominal] *no me da insulina y tengo el corazón* [señala área del pecho] *que me va mal porque el ventrículo derecho está cerrado». ¿Vale? Yo quiero lógica y explicaciones, y no las tengo, lo que quiero es todo bien explicado. Sí, ¡lógica! Sí,*

quiero lógica. Sobre todo una lógica, que yo a lo mío no le encuentro [hace un gesto de exactitud con la mano]. *Veo todo esta metafísica* [en relación a un trastorno de ansiedad como posible causa], *o como se llame, todo metafórico, así, paranormal. ¡¡¡NO!!!* [gesticula con manos y brazos]. *¡Yo quiero palpar, quiero tocar, quiero realidad! Yo estas historias así, no, no, no me entran. Quiero lógica y no la veo y no lo encuentro lógico. ¿Cómo estoy mareada si no estoy enferma? No es lógico. Bueno, aunque tenga un poco de duda. ¿Pero por qué tengo que estar así físicamente? Si no tengo nada enfermo, no hay lógica y yo la quiero. ¿Me explico?*

El hipocondríaco está seguro de estar enfermo, lo que no puede admitir es, justamente, lo contrario, porque no le encuentra explicación. El terapeuta continúa el diálogo con Ceci aludiendo a las enfermedades que ella cree tener.

T.: *Bueno… Supongamos que hay algún tumor en la cabeza. ¿Qué más te viene a la cabeza?*
C.: *Sí, bueno, pues, que caigo enferma.*
T.: *Supongamos que caes enferma. ¿Qué más?*
C.: *¡Pues que me moriré de esto!*
T.: *Muy bien. Supongamos que te mueres de esto.*
C.: *Pues, es que no me quiero morir.*
T.: *Está muy bien que no te quieras morir.*
C.: *Es que es así. Pero es tan difícil creerse que sea solo emocional… ¡Es increíble! No puedo creérmelo, no puedo creérmelo.*
T.: *Es que yo no lo sé, no estoy en tu piel, no puedo saber si solo es emocional o no. No lo puedo saber, pero te han hecho cincuenta mil exploraciones… Te han mirado las vértebras.*
C.: *Sí, me falta el* scanner, *tengo que hacérmelo de la cabeza.*
T.: *Sí, hazte todas las pruebas que quieras, pero tú tienes miedo a morirte.*
C.: *Sí, sí, sí, y sobre todo a enfermar.*
T.: *Y sobre todo a enfermar…. Y eso es lo que te está mortificando. Y estás viviendo una enfermedad sin tenerla.*

C.: *Supongo* [se cruza de brazos].
T.: *Ya has enfermado.*
C.: *Estoy enferma, sí, seguro. Y de los peores males que hay.*
T.: *Los peores males, los tienes todos. Todos los tienes, los estás pasando todos.*
C.: *Esto es increíble... Es increíble. Lo que me duele es que pongo medios. Voy al gimnasio. Pero nada... Intento relajarme, pero salen los síntomas físicos.*
T.: *Nada te quita el miedo a enfermar ni a morir. Ese es tu gran miedo.*
C.: *Además, lo que tengo comprobado es que todas las actividades que intento hacer o que me aconsejan y que son buenas para despejar la mente me crean muchísima ansiedad.*

Igualmente, para el obsesivo, todas aquellas manifestaciones de la vida humana que son fuente de ambigüedad, como el lenguaje, sufren también una reducción drástica. Los textos son desprovistos de sus contextos y los dobles sentidos, las ironías, los «guiños» semánticos se vuelven enigmas indescifrables, que el obsesivo tiende a interpretar literalmente o lo llenan de confusión. Un paciente obsesivo, cuyas dudas influían en intensas vacilaciones del habla que llevaron al diagnóstico de tartamudez, escribía en su autocaracterización, cuyo texto completo hemos publicado en otra parte (Villegas, 1992):

> *No soporto en particular a los que se comportan de una forma ambigua, haciendo cosas a escondidas y diciendo medias verdades. Por ello, si pasa algo de este tipo, en general no salgo más durante algunos días. Cuando vuelvo a ver a estas personas me encuentro siempre en tensión, para evitar volver a ser enredado. En general esta situación se refleja en un empeoramiento del lenguaje.*

Naturalmente, de lo que más duda el obsesivo es de sus propios sentimientos y, en consecuencia, se entrega a continuos cuestionamientos sobre la naturaleza de sus afectos («no sé si tengo que avergonzarme o no tengo que avergonzarme») o a la lectura de los gestos indicativos de los demás respecto a sus manifestaciones de amor o rechazo.

¿Cómo puedo saber si me quiere o no me quiere? ¿Si lo que siento es amor o es egoísmo? ¿Si consiente que me acerque o no me acerque? El siguiente caso, referido por Bara *et al.* (1996) es claramente indicativo de los extremos de precisión a los que puede intentar llegar el obsesivo en sus planteamientos, naturalmente sin que consiga tampoco resolver con ello sus dudas.

> Juan Luis es un industrial de 36 años, inteligente y competente en su trabajo. A los 20 años se prometió con María, con quien tuvo su primera relación sexual, superando con ello la dificultad que tenía respecto a las chicas por timidez, ya que creía que las chicas lo rechazarían. Al cabo de trece años de noviazgo inicia una vida de convivencia con María, no exenta de dificultades. En una cena de compañeros de instituto, Juan Luis encuentra a Silvia, «la más guapa del curso», recientemente divorciada, con quien inicia una relación apasionada. Juan Luis pide terapia para entender qué le sucede, porque no consigue decidir por cuál de las dos se siente enamorado. Ha dejado sucesivamente dos veces a cada una de ellas, para terminar descubriendo que no podía estar sin aquella de la que se acababa de separar. Esta situación la vive con angustia, entre otras cosas por el sufrimiento que hace pasar a sus dos amantes.
>
> Para expresar su incertidumbre y con la intención de resolver científicamente el problema viene a terapia con unas tablas donde puntúa tanto a María como a Silvia en función de nueve parámetros positivos y cuatro negativos, ponderando las diversas puntuaciones en función del peso relativo que les otorga a cada uno de los parámetros descritos. Los subtotales se corresponden a cada grupo de parámetros y el total es el resultado de restar las puntuaciones negativas de las positivas. La diferencia entre los totales ponderados da una ligera ventaja a María (0,29), dado que, a pesar de que Silvia gana en las puntuaciones positivas, pierde en las negativas, siendo la diferencia entre ambas favorable a la primera. Esta es la tabla con las puntuaciones por parámetros.

PARÁMETROS	PESO SUBJETIVO	PUNTUACIONES MARÍA	PUNTUACIONES PONDERADAS M.	PUNTUACIONES SILVIA	PUNTUACIONES PONDERADAS S.
Diálogo	0.14	8.5	1.19	8.5	1.19
Belleza	0.08	6.5	0.52	8.0	0.64
Afinidad sexual	0.19	6.5	1.24	9.0	1.71
Honestidad	0.14	9.0	1.26	9.0	1.26
Clase	0.04	9.0	0.36	7.0	0.28
Cultura	0.04	9.0	0.36	7.0	0.28
Dulzura	0.09	7.5	0.67	8.5	0.77
A. carácter	0.14	8.0	1.12	7.0	0.98
A. epidérmica	0.14	8.5	1.19	6.5	0.91
SUBTOTAL	**1.00**	**72.5**	**7.91**	**70.5**	**8.02**
Maldad	0.3	-8	-2.4	0	0
Vanidad	0.2	0	0	-7	-1.4
Posesividad	0.2	-8	-1.6	6	-1.2
Infidelidad	0.3	0	0	-6	-1.8
SUBTOTAL	**1.00**	**-16**	**-4**	**-19**	**-4.4**
TOTAL		**56.5**	**3.91**	**51.5**	**3.62**
RESULTADO FINAL			**+0.29**		

TABLA 2

A este paciente se le podría aplicar aquel comentario: *Soles duabus sellis sedere* (acostumbras a sentarte en dos sillas), que Séneca padre usaba para describir una actitud de Cicerón por la que pretendía ocupar dos escaños en el Senado (*Controversiae*, 7, 3, 9). Viene como anillo al dedo para hacer referencia al intento obsesivo de considerar simultáneamente todas las alternativas. Otorgándoles el mismo peso, el sistema epistemológico obsesivo impide cualquier tipo de superación dialéctica y se instaura en la duda sistemática y, en consecuencia, en la imposibilidad de decidir.

Toda la actividad mental del obsesivo se desenvuelve, pues, bajo el común denominador de la búsqueda de la certeza, del rastreo compulsivo de una seguridad absoluta, dado que lo que le atormenta es la duda metódica, utilizada, precisamente, como sistema para obtener la certeza. Es cierto todo aquello sobre lo que no cabe ninguna duda, por tanto la única manera de prevenirse contra la incertidumbre es eliminando todas las dudas; pero es imposible su eliminación sin descartarlas previamente y resulta imposible descartarlas si no se consideran detalladamente una por una. Ahora bien, dado que el objeto de la duda no es un objeto o persona en concreto sino una abstracción, aunque puede temporalmente concretarse en uno o mil temas, resulta siempre un objeto escurridizo. En el supuesto de que pudiera alejarse de forma definitiva la duda sobre un tema, esta se desplazaría invariablemente a otros, y así hasta el infinito. La única forma de detener esta progresión al infinito sería integrarla sin intentar resolverla; pero esto forma parte ya de la terapia.

La culpa

«*Mea culpa, mea culpa, mea maxima culpa*». El tercer elemento que sustenta el trípode de la obsesión pertenece al dominio moral y constituye la gran amenaza que mantiene en vilo al obsesivo, a saber, el sentimiento de culpabilidad. Gran parte de sus esfuerzos parecen dirigidos a protegerse de alguna culpa, aparentemente inexistente, por la que el obsesivo experimentaría un gran sentimiento de culpabilidad. Ya desde Freud (1909) se ha señalado la relación intrínseca existente entre culpa moral y obsesión, hasta el punto de que el fundador del psicoanálisis apuntaba, con su particular estilo, la imposibilidad del conocimiento de la una sin la otra:

> Puede incluso arriesgarse la afirmación de que, si no fuera posible descubrir el origen de la conciencia moral por el estudio de la neurosis obsesiva, habríamos de renunciar para siempre a toda esperanza de descubrirlo.

Da así a entender que solo a través del análisis de la obsesión puede llegar a esclarecerse el sentido de la culpa, atribuida a la conciencia moral.

Los autores posteriores, incluso quienes pertenecen a las filas del cognitivismo conductual, poco sospechosos de introspeccionismo, entre ellos Rachman (1993) y Salkovskis *et al.* (1998), reconocen el papel determinante de este rasgo en el comportamiento obsesivo. Desde una perspectiva más cognitivista, Mancini (1997, 2000, 2021), uno de los estudiosos más activos en este campo, ha abundado ampliamente en lo mismo. Valeria Ugazio (1998, 2013), en una brillante síntesis de las corrientes provenientes del psicoanálisis, el cognitivismo-constructivista y la terapia sistémica, convierte la culpa en el eje sobre el que estructurar la organización semántica obsesiva.

Volviendo a los orígenes del planteamiento moral, inherente al surgimiento de la sintomatología obsesivo-compulsiva, Freud (1913) compara la culpa que experimenta el salvaje ante el tabú con la de la conciencia obsesiva. En estos textos, Freud presupone la comisión del acto, la transgresión del tabú, como condición de la aparición del sentimiento de culpabilidad. Para el neurótico obsesivo, en cambio, postula la represión del deseo como la causa de la angustia. Solo en la medida en que el deseo se considera eficaz, en cuanto capaz de causar por sí mismo el acto, puede identificarse con la transgresión y acarrear culpa. En cualquier caso, se hace precisa la comisión del acto de forma real o desiderativa para que surja el sentimiento de la culpa.

Una investigación más detallada, no obstante, pone en evidencia que no solo es la posibilidad de haber cometido actos inicuos lo que despierta la culpabilidad del paciente obsesivo, sino también no haber hecho lo suficiente para impedirlos. Es decir, se puede pecar por *acción u omisión*.

En general, se asume que para poder sentirse culpable de algo es preciso tener alguna posibilidad de control sobre ella, es decir, se establece una relación de equivalencia entre culpabilidad y responsabilidad, aunque para el obsesivo no hace falta que el control sea real, sino que basta con que sea potencial. Dice Mancini (2000):

> Para sentirse responsable y culpable es necesario asumir tener poder sobre las propias acciones y omisiones, pero no hace falta que este poder de control sea actual, basta con que sea potencial.

Estamos totalmente de acuerdo con este postulado, pero nos gustaría añadir que para algunos obsesivos es suficiente asumir que *deberían haber sabido,* aunque de hecho no supieran, o que *deberían haber podido*, aunque no pudieran en efecto, para sentirse culpables. Es decir, no basta con ser buenos o perfectos, o con hacer lo posible para serlo, sino que se *debe* absolutamente serlo. La fuerza del imperativo *categórico* se impone con toda su crudeza: «debería haber sabido, debería haber pensado, debería haber dicho o hecho». Tales son los reproches que frecuentemente se dirigen los obsesivos ante acontecimientos que no han podido evitar, y en los que de alguna manera se encuentran moralmente implicados, pero que ya han sucedido y cuyos efectos pesan sobre sus conciencias, porque creen que *deberían haber podido hacer* algo para evitarlos.

Un accidente inevitable

Iván, nombre ficticio otorgado a un paciente de 32 años de edad, pintor e instalador de oficio, referido por Ribas (2009), acude a terapia para solucionar un problema de insomnio de larga evolución, aproximadamente de unos doce años. Lo describe como la dificultad de conciliar el sueño durante unas dos horas, aunque hay períodos cortos de uno o dos meses en los que duerme bien, pero el insomnio reaparece. También manifiesta su preocupación por unas afecciones que tiene en la piel y porque, al no dormir bien, su carácter se está agriando, tiene mal humor, está poco comunicativo y cansado. El problema de la piel, que él denomina como prurito, dice que le preocupa tanto o más que el insomnio, porque cuando no puede dormir se rasca la piel, que le pica, hasta lesionarla y que ambos problemas se retroalimentan, porque cuando duerme bien no tiene problemas con la piel. Considera que son síntomas que no se curan con medicación, ni estableciendo conductas de higiene del sueño y que lo que necesita es hacer una psicoterapia. Se descartan causas externas como ingesta de café, drogas, nicotina, etc. No se conocen tampoco causas internas ni enfermedades que puedan explicarlo.

Describe como una primera causa aproximada del insomnio un accidente de coche que ocurrió hace doce años, a finales de la década de 1990, que coincide con el inicio de los síntomas, en el que atropelló a una mujer que falleció en el acto. Él circulaba con el semáforo en verde y la mujer cruzó la calzada con el semáforo en rojo. En los pocos segundos que duró todo el acontecimiento Iván pensó en frenar, pero al ver que la mujer también hacía intento de parar, siguió adelante sin detenerse con el fatal desenlace ya conocido. Hacía pocos días que se había sacado el carné de conducir y llevaba, de prestado, el coche de su padre.

A pesar de tener el semáforo en verde, Iván se siente culpable por «ir a más velocidad de la cuenta» (culpa por comisión); por «no haber frenado a tiempo» (culpa por omisión); por «atropellar a una persona» (culpa por comisión) y por «haber fallado» (culpa perfeccionista). Las autoinculpaciones de Iván son rígidas e implacables. Nos encontramos ante un mal irreparable de consecuencias graves y ante un hecho ocurrido contra su voluntad.

Iván no recuerda los términos de la sentencia, que conserva su padre; lo que recuerda es que iba un poco por encima de la velocidad permitida y que lo multaron con cincuenta mil pesetas por ello, pero no lo condenaron por homicidio involuntario a causa de la muerte de la anciana. Iván encuentra «muy suave» este castigo y, además, él no se ocupó de nada, porque estaba haciendo el servicio militar y tuvo que volver al cuartel. Quienes se ocuparon de todo fueron su padre, quien pagó la multa, y el abogado; la familia de la víctima fue indemnizada por la compañía de seguros, con lo cual su responsabilidad quedó anulada y delegada, sin castigo ni reparación personal por exoneración de la culpa.

La gestión de la culpa a través del castigo resulta nuclear en su caso. Iván busca liberarse de su culpa subjetiva, cree que necesita pagar más por lo que hizo y que así se sentiría menos culpable. Se observa una falta de sintonía entre la culpa jurídica y la culpa vivida por Iván. Jurídicamente no tiene nada pendiente; en cambio, su juez interior lo hace sentir culpable. De hecho él dice que siempre será culpable y necesita más castigo.

Iván considera que todo debe estar bajo control y que precisamente las normas se han hecho para llegar donde no llega el control personal: «cuando te saltas las normas es cuando pasan estas cosas». A él este accidente no le podía ocurrir, se mantiene intolerante con los errores, con las cosas mal hechas y lo expresa con pensamientos rígidos. La ansiedad generada por la culpa se manifiesta sintomáticamente a través del insomnio y el prurito, pero no lleva a cabo ninguna acción reparadora.

A Iván le preocupan las cosas que, según él, están mal hechas, le causan intranquilidad y no le dejan dormir. Debe estar alerta y revisarlas para que no ocurran y, cuando vuelve a pensar en ellas, siente remordimientos. Si existe un gran miedo a la culpa por irresponsabilidad, se desencadena una conducta con características obsesivas, es decir, repetitividad, persistencia, alta frecuencia y estereotipia (Mancini, 2000). Con ello el obsesivo se quiere proteger, blindar completamente de algo absolutamente terrible, totalmente insoportable para su conciencia (Villegas, 2000), equivalente a una condena eterna.

El mal ocasionado ocurrió en el pasado sin poder preverlo en aquel momento; ahora la prevención de Iván va dirigida a no causar un nuevo daño. En sus relaciones sociales tiene dificultades por miedo a ofender, molestar o herir. Esta podría ser una causa de inhibición para guardarse del sentimiento de culpa ante un hipotético «nuevo daño».

A partir de esta experiencia, Iván desarrolla una hipervigilancia obsesiva como medio de *control* y, aunque no llega a exhibir sintomáticamente un trastorno obsesivo compulsivo, tal vez porque la autoridad le libró de la culpa, se mantiene siempre vigil, es decir, insomne.

De este modo, el obsesivo desarrolla *mecanismos de control* destinados a evitar a todo coste dos fracasos esenciales: el *error* (mental) y la *culpa* (moral), debido a que no puede *confiar* en su espontaneidad. Las *rumiaciones* están orientadas a prevenir el error, mientras que las *conductas de comprobación* y los *rituales* pretenden evitar la culpa.

La culpa negligente

En otras ocasiones, el sentimiento de culpabilidad puede surgir en relación a la falta de prevención o atención, dando lugar más bien a una reacción de hipervigilancia, orientada a «verlas venir». En estos casos, como el de Ceci respecto de su hija, que hemos visto ampliamente en el capítulo anterior, no se ha provocado ningún daño, ni se ha omitido ninguna acción propia que pudiera haber evitado un posible daño, que ni siquiera ha sucedido. Simplemente, la persona se siente potencialmente culpable de un mal que se hubiera podido producir y, en ese caso, tal vez prevenir.

El caso de Ceci plantea una cuestión interesante: ¿se puede ser responsable de algo que no ha sucedido, de consecuencias que en la realidad no se han dado, pero que potencialmente se hubieran podido dar y que se *deberían* haber pensado? Este cuestionamiento sigue la lógica del planteamiento que surge después de cualquier accidente: ¿se hubiera podido *evitar* o *prevenir*? Pero va más allá: ¿se debería haber *pensado* que hubiera podido suceder y por tanto prevenir? Y, si no se ha pensado ni prevenido, ¿se es culpable por ello de las posibles consecuencias que pudiera haber habido, aunque no las haya habido, puesto que la *negligencia* no hace referencia al resultado, sino a sus antecedentes?

En realidad, este tipo de razonamiento que puede parecer tan absurdo a primera vista, no lo es tanto si tenemos en cuenta las preguntas que con frecuencia se hacen los padres respecto a conductas destructivas de sus hijos adolescentes, como el consumo de drogas, el abuso de alcohol, las conductas sexuales de riesgo, la adhesión a ideologías extremistas de derechas o izquierdas, los comportamientos antisociales: «¿En qué nos hemos equivocado? ¿En qué hemos fallado? ¿Qué es lo que no hemos sabido ver en la educación que les hemos dado?». Tales preguntas o rumiaciones surgen de la necesidad de neutralizar el sentimiento de culpabilidad que invariablemente se produce cuando los resultados no corresponden a las expectativas que se habían generado sobre ellos.

Culpa deontológica y culpa altruista

No siempre la culpa obedece al mismo tipo de lógica moral. A veces lo hace solo en relación a criterios impersonales (regulación heteronómica), basados en normas éticas, costumbres culturales, mandatos parentales o religiosos, leyes civiles o penales, o dictados autoritarios, asumidos sin elaboración de un criterio propio. En este caso, como el de la paciente que veremos a continuación, referido por García-Haro (2014), el sentimiento de culpa aparece después de haber incumplido una de estas normas extrínsecas y se considera de tipo *deontológico.* Se ha infringido una ley, independientemente de los efectos que pueda tener sobre sí mismo o las otras personas y esto basta para sentirse culpable.

Juego de niños

> Adriana tiene 21 años y está soltera, según cuenta García-Haro. Llega derivada por su médico de atención primaria con la queja de ser una chica insegura, con un gran miedo al fracaso. Estos rasgos se manifiestan firmemente a la hora de afrontar sus estudios, en sus relaciones interpersonales y en sus constantes comparaciones. Al cabo de muchas sesiones se abre para contar «algo que desde niña me viene constantemente a la cabeza». Cuando tenía 7 años, un amigo la invitó a jugar a su casa imitando lo que hacían los actores de las películas pornográficas, que sus padres tenían en el domicilio. Cumpliendo con los requisitos de buena cristiana, según la concepción de unos padres muy religiosos, Adriana confesó este hecho al sacerdote, quien se horrorizó de lo sucedido. Como para los padres de Adriana hablar de sexo es pecado, procurando no mancharse la boca con «palabras sucias», ella nunca contó a nadie lo que había pasado. Por este motivo vivió durante mucho tiempo con la preocupación de haberse quedado embarazada hasta que se enteró de que para eso «hacía falta algo más».

Lo que sí permaneció fue la duda de si aquello que había hecho era algo tan terrible como le había dicho el cura, o si era algo normal. Al decidirse a contarlo en consulta pudimos plantear que aquello que para ella en su momento no era más que un juego de niños nunca hubiese dejado de serlo si nadie le hubiese puesto una penitencia por ello. El sentimiento de culpabilidad aparece aquí en un contexto claramente *deontológico,* en relación a lo que se puede o no se puede hacer, según un criterio externo.

En otras ocasiones, el sentimiento de culpa solo aparece en el caso de que haya una tercera persona, afectada negativamente, incluso sin que ello sea efecto de la transgresión de una norma legal, ni siquiera sin que el sujeto que experimenta la culpa haya participado de ninguna manera activa en la producción de este mal (regulación socionómica). En estos casos estamos hablando de culpa *altruista.*

> Ricardo es médico, está atendiendo un paciente en consulta externa y recibe una llamada del mismo hospital, donde está ingresado muy grave su padre, para informarle de que este ha entrado en coma. Interrumpe la consulta y se dirige a la habitación de su padre. Cuando llega se da cuenta de que su padre está en los estertores de la muerte y sale corriendo para avisar a su paciente que hoy no podrá atenderle, que vuelva mañana. De regreso a la habitación, encuentra al padre ya muerto. En referencia a estos hechos comenta:
>
> *A pesar de que ya han pasado varios días, todavía me siento culpable por no haber estado a su lado. Sé que no habría servido de nada, ni siquiera de consuelo, porque estaba ya en coma. También me repito a mí mismo que me ausenté unos minutos por una razón totalmente justificable y que en ningún momento pensé que fuera a morir tan de repente. Sin embargo, me siento culpable por no haber estado a su lado, por no haberle podido dar la mano y haberle dejado solo en el momento del trance.*

Culpa del superviviente

A veces basta, simplemente, con que la persona haya compartido su suerte, como sucede en el fenómeno llamado *culpa del superviviente*, entre los que se han salvado de un accidente o de un naufragio, con aquellos que perecieron. El hecho de no poder perdonarse haber sobrevivido genera un remordimiento rumiativo sobre el fondo de una depresión.

De todas estas situaciones nos limitaremos a referir un caso clínico de culpa del superviviente. Se trata de Elena, de 53 años, que ha vivido con ese sentimiento de culpa desde los 19 años y que acude a terapia por depresión:

> ELENA: *Esta depresión la vengo arrastrando desde que tuve el accidente de tráfico a los 19 años. Murió una amiga, de las cuatro personas que íbamos en el coche. La que se murió iba al lado del conductor y yo detrás de ella, luego yo me he echado la culpa. En principio me hubiera gustado irme yo y no ella, y es como una culpa que… Que no me la perdono, por mucho que lo he intentado.*
> TERAPEUTA: *¿Y por qué te sientes culpable de que ella muriera?*
> E.: *Porque yo pensaba que… Pues, no sé, que ella tenía ya una vida hecha, tenía novio, estaba pensando en casarse, tenía muchos amigos… Éramos jóvenes, entonces que se muriera ella me tocó mucho la fibra… Yo intento muchas veces, cuando pienso en el accidente, pues perdonarme, pero no puedo, no puedo.*
> T.: *¿Qué es lo que necesitarías para perdonarte?*
> E.: *No lo sé: es una culpa que la llevo ahí y ya está… Tampoco sé cómo afrontar ese problema y… Me he planteado muchas veces perdonarme, pero… no. Ahí la respuesta siempre es no. Siempre me he sentido culpable con ese problema. Sigo pensando que de alguna manera tuve culpa de no morirme yo, de hacer el cambio. Si me muero yo, no me hubiera necesitado nadie, porque a mí tampoco me iban a echar en falta. Y no me puedo perdonar, porque ella tendría que haber vivido y yo no, porque no pasaba nada si yo me moría, pero si ella se moría, sí. Entonces empiezo a darle vueltas y me quedo ahí, no salgo, no avanzo.*

In dubio, pro reo

Este principio jurídico que echa sus raíces en el derecho romano y que se erige en salvaguarda de la inocencia del reo en caso de duda, debería aplicarse con toda propiedad en el caso de la culpa obsesiva. El principio sostiene que no se debe probar la inocencia, sino la culpa, sin lugar a dudas, y en caso contrario, abstenerse de condenar al reo. Pero el juez que la habría de aplicar en ese caso, la conciencia obsesiva, no se guía por esos principios, sino por los contrarios: lo que se debe demostrar no es la culpa, sino la inocencia. Y comoquiera que esta se halla fácilmente bajo sospecha, el obsesivo se ve forzado a desplegar toda una serie de comportamientos demostrativos de la rectitud de su conciencia en diversas áreas axiológicas como el orden, la limpieza, la castidad, la justicia, la integridad y la religiosidad, que constituyen la cara visible de su inocencia, tal como se plantea en el capítulo siguiente.

3. La cara visible de la obsesión

A diferencia de las fobias, en las que el objeto del temor está circunscrito a animales, situaciones o espacios claramente delimitados (perros, arañas, aviones, ascensores, la cola del supermercado, la calle o las alturas, etc.), o de la paranoia, en la que el temor se focaliza en la persecución de que uno puede ser objeto por parte de otras personas terrestres o extraterrestres, el objeto de temor en la obsesión suele estar constituido por categorías mucho más abstractas que afectan a diversas áreas axiológicas como el orden, la limpieza, la castidad, la justicia, la integridad y la religiosidad.

Orden y perfección

Serva ordinem et ordo servabit te.
Agustín de Hipona

«Guarda el orden y el orden te guardará a ti» dice san Agustín. El orden constituye, sin duda, un referente que otorga seguridad al obsesivo. Lo ordenado parece más estable, porque nada se mueve de su sitio. En la dialéctica entre Heráclito y Parménides, relativa a si todo corre o todo permanece, el obsesivo prefiere la posición parmenidiana: todo debe estar siempre en el mismo sitio. El orden produce la ilusión de permanencia. No hay que buscar, no hay que perder el tiempo averiguando el paradero de los objetos, no existe espacio para la deriva o el caos.

> Eusebio tiene 36 años, vive aún en casa con sus padres; debido a su trastorno no es capaz de trabajar, y ha interrumpido sus estudios de medicina, que le gustaban mucho y en los cuales era brillante. Es una persona inteligente, vivaz, curiosa y con muchos intereses e inquietudes, tenía una gran facilidad para establecer y mantener amistades. Desde hace algunos años su intolerancia por el desorden, la imprecisión, la aproximación y las consiguientes evitaciones se han acentuado de tal manera que llegan a absorberle las jornadas enteras y a dificultarle, casi imposibilitarle, las actividades cotidianas. Anota en papelitos cualquier cosa que deja pendiente, por hacer. Dedica jornadas enteras a poner en orden armarios y el escritorio, después de lo cual abrir un cajón se convierte para él en un tormento, puesto que entonces tiene que controlar infinitas veces que nada haya caído dentro del cajón y que esté todo en orden, como antes de abrirlo. Ha dejado los estudios a pesar de tener notas muy altas, porque en un día solo conseguía estudiar una página, repitiendo innumerables veces la misma línea. Todo ello lo lleva a sentirse dolorosamente consciente, a veces rozando la desesperación, del empobrecimiento y el absurdo de su vida.

Orden externo y orden interno

Marie Kondo saltó a la fama mundial con la publicación en 2010 de su libro *La magia del orden* (Kondo, 2015), en el que daba consejos y orientaciones en referencia al orden doméstico, una «obsesión» muy común o importante, al menos para los 13 millones de compradores de su obra y seguidores de cursillos y conferencias sobre el mismo tema, así como de programas en la plataforma Netflix.

Este orden, referido al espacio y a la posición de los objetos en él, se puede transferir igualmente a otros dominios, como el mental, otorgando a la expresión del pensamiento aquella rigidez y minuciosidad típica del obsesivo. Así, por ejemplo, un paciente tartamudo al que nos hemos referido en otra parte (Villegas, 1992) encabezaba su autocaracterización con el siguiente preámbulo:

> *El punto más completo para mi autoanálisis lo constituye el campo de las relaciones con los demás. Puedo distinguir cuatro grupos de personas con las que me relaciono habitualmente: los familiares, los amigos de primer tipo y los de segundo tipo y las chicas.*

El texto se desarrollaba a continuación, siguiendo el orden estricto enunciado en un principio, creando a su vez divisiones y subdivisiones cuando era necesario. Este estilo, que es más bien característico de un informe académico, presidía todas sus manifestaciones. Otras veces, lo que llama la atención es la minuciosidad en la exposición de los detalles más nimios de la narración. Así, un paciente obsesivo de 42 años se perdía en sus relatos aportando toda serie de informaciones relativas a los personajes de sus narraciones, incluso los más circunstanciales, que incluían nombre, apellidos, domicilio, profesión, reputación personal, etc., que parecía tener almacenadas en una ficha mental. Otro paciente de 30 años, informático de profesión, se fijaba en detalles todavía más nimios, como puede apreciarse en el siguiente fragmento de un extenso escrito titulado «Explicaciones»:

> *En enero de 1990 mi mujer quedó embarazada: lo hicimos a conciencia y en los días clave para tener éxito. No fue un embarazo no deseado. Lo hicimos porque mi hermana ya tenía un hijo de 5 meses y creíamos que nosotros ya éramos mayores (yo con 27 años y mi mujer con 25 años) para esperar más tiempo para tener hijos. Cuando en octubre nació mi preciosa hija en un parto fácil de solo una hora y media (con dilatación incluida) y completamente sana, incluso me serené más. También cuando a principios de 1990 perdimos a nuestros seis clientes principales de mantenimiento (forman un grupo de seis empresas) ya que estos decidieron comprarse unas máquinas mucho más potentes y caras y se las compraron a una gran empresa de Barcelona... En agosto cogí vacaciones. Y el primer día de mis vacaciones, a las diez de la mañana, mi jefe vino al chalet, encontró la verja abierta, atravesó los veinte metros de jardín, entró en la casa y empezó a llamarme dentro del salón. Yo salí en pijama. Y me dijo que al cliente X le había salido un error 22. Yo no lo mandé a la mierda en aquel mismo instante porque soy un pedazo de pan del que todos se aprovechan.*

No cabe duda de que el orden y el detalle son garantes de una mayor eficacia. El mismo aparato con el que estoy escribiendo estas líneas es un «ordenador» y sirve, desde luego, para poner orden a los documentos, clasificándolos y guardándolos en archivos creados *ad hoc,* aunque, evidentemente, requiere una planificación previa. Ciertas rutinas inalterables del sistema son muy útiles para un procedimiento eficaz de sus programas, pero su rigidez nos lleva, a veces, a bordear la desesperación.

Sin duda, la humanidad debe una gran parte de sus avances al procedimiento sistemático y ordenado del método científico, pero este cubre solamente una parte del proceso, la de la comprobación experimental de sus resultados. Otro aspecto importante para la producción del conocimiento científico es la creatividad, la cual supone cierto grado de crisis respecto a los conocimientos anteriores y de caos fecundo, en el que pueden hacerse nuevas combinaciones prohibidas por la organización sistemática anterior. La creación de un nuevo orden requiere la destrucción del anterior. Lo que sugiere que el estado óptimo de un sistema es aquel que, dentro de unas rutinas básicas de funcionamiento, permite un elevado grado de variabilidad y flexibilidad.

La dedicación casi exclusiva del obsesivo al mantenimiento de las rutinas de base como el orden, la perfección en los acabados, la puntualidad o la exactitud absorbe la mayor parte de su energía y capacidad creativas. Por eso, todo lo que implica flexibilidad o improvisación puede resultar motivo de ansia para el obsesivo, que prefiere lo estable y predecible en todo momento.

Dar brincos en el gimnasio

Ceci, paciente a la que en este escrito estamos dedicando una atención específica, acude a terapia por su persistente hipocondría, que se sustenta sobre una estructura claramente obsesiva, marcada por el orden, la limpieza y el perfeccionismo. A propósito de la negativa a ir al gimnasio por la cantidad de tiempo que le quita en su organización doméstica, comenta:

C.: *A mí no me compensa el rato de ir a dar brincos al gimnasio para volver a casa, abrir la mochila, lavar la ropa, poner la secadora, hacer la comida. No puedo, ¡no lo soporto! Yo me iría relajada si me levantara y no tuviera que hacer nada. Cuando yo volviera a mi casa, que no tuviera que estar pendiente de hacer la comida a nadie… De nada, de soltar la ropa y que me la lavaran… Si me lo va a hacer alguien, soy la mujer más feliz y relajada del mundo.*
T.: *¡Estupendo! Supongamos que te lo va a hacer alguien…*
C.: *¿Como a mí me gusta?*
T.: *Sí, sí… Como a ti te gusta, es decir, muy bien…*
C.: *Sí hombre, perfecto…*
T.: *Perfecto.*
C.: *No; perfecto no… Bien hecho.*
T.: *Bien hecho. Bien hecho se acerca a lo perfecto.*
C.: *Bueno… Un poco… Dejémoslo en bien hecho.*
T.: *Muy bien. Tú llegarías a casa y encontrarías todo bien hecho, entonces tú serías la mujer más relajada y feliz del mundo.*
C.: *No sé si más, pero seguramente que muchos estados de ansiedad que tengo no los tendría… De esto estoy segura.*
T.: *Muy bien, entonces no tendrías mareos.*
C.: *Supongo que no. Claro, si los mareos me vienen de esta ansiedad y la ansiedad desaparece… supongo que no.*
T.: *Entonces fíjate: empiezas la sesión hablando de tus mareos y vértigos y acabas hablando de que lo que te está pesando es tener que ser ama de casa… Y encima, si te pones enferma, la casa no se aguanta, porque tú eres la columna central de la casa, la aguantas y no te puedes poner enferma.*
C.: *No. Y menos morirme, claro.*
T.: *Y menos morirte, claro… Porque además las cosas se tienen que hacer, y se tienen que hacer bien. O sea, tú eres perfeccionista…*
C.: *Pero ya perfeccionista del todo…*

Aunque «perfecto» significa «acabado, totalmente hecho», ¿cómo puede afirmarse que algo está perfectamente hecho, si todavía se puede hacer mejor? Como decía el padre de una de nuestras pacientes: «nada está bien, si pudiendo estar mejor, no lo está». La evolución de la técnica y el diseño, de los propios programas informáticos, de la IA, demuestra que siempre pueden mejorarse los productos del ingenio humano, dando origen a sucesivos prototipos, cada vez más perfeccionados.

Tal vez sea una anécdota inventada aquella que explica que Miguel Ángel se quedó con el martillo en el aire ante la estatua de Moisés, incapaz de darla por terminada, pero a la vez obsesionado por conseguir la perfección, exclamando con voz imperiosa: «habla», que es lo único que no podía hacer aquella mole de mármol que acababa de moldear con sus manos, convertida en el *capolavoro* de la escultura universal. En cualquier caso, la anécdota *(se non è vero è ben trovato)* pone de manifiesto la imposibilidad de conseguir la perfección absoluta.

Limpieza e higiene

Malo mori quam foedari.
Divisa de la orden del armiño,
instituida por el Rey Fernando I de Nápoles

En el museo Thyssen-Bornemisza de Madrid se puede contemplar un cuadro de la época renacentista, firmado por Carpaccio, donde la imagen central de un joven caballero gallardo y apuesto viene acompañada de una referencia alegórica a la pureza, a través de la imagen del armiño, junto al cual puede leerse en latín la leyenda citada más arriba: *Malo mori quam foedari* (prefiero morir a mancharme). Igualmente, Leonardo da Vinci con anterioridad, hacia 1485, retrata a una joven con un armiño en un cuadro que se conserva en el museo Czartoryski de Cracovia. Cuentan que este es el lema del armiño, mustélido de piel blanquísima, mimética en invierno con el color de la nieve del paisaje donde habita, que tiene una especial preocupación por su conservación y pureza.

Este podría ser, sin duda, el lema de muchos obsesivos, particularmente mujeres, que hacen de la limpieza una forma de pureza, no tanto sexual como aparente, relativa al cuerpo, los objetos, la ropa, la casa. En este sentido se ha afirmado que «la limpieza es el honor de la mujer» (los anuncios de detergentes, con antibacterias incluidas, se basan en este presupuesto).

Limpia, lustra y da esplendor

Ceci, nuestra paciente hipocondríaca, nos está revelando una personalidad obsesiva ya desde la infancia, en referencia al orden y la limpieza, siempre que la afecte a ella, a los suyos o a su espacio, porque en sus propias palabras, y en diálogo con Julio:

> CECI: *A mí me gusta tenerlo todo limpio… Solamente lo mío, lo de los demás me da igual, ni me fijo. Luego me pego palizas, porque yo no quiero limpiar, quiero pulir. Y claro, pulir agota… Con pulir me refiero a que la limpieza que hago, la hago a fondo… Yo no puedo limpiar por encima. Tengo una casa de tres pisos, que la quiero tener muy bien, porque, si no, yo no puedo vivir en un sitio donde haya rincones, es una manía, una obsesión que me la tengo que quitar. Y claro, todo esto me afecta a mí… Entonces estoy harta de la casa, harta del patio, estoy harta de las escaleras, harta del garaje… Y yo, en cuanto pueda, me voy a ir. Y entonces yo se lo digo a mi marido…*
> JULIO: *¿Sabes lo malo del perfeccionista? Que nunca acaba. Siempre dices «ya he acabado», te sientas y ya estás pensando que has dejado algo. Y eso angustia.*
> C.: *No acaba, no. Angustia, es una angustia… Pero no puedo… Me encantaría que me diera igual, porque a mí no me gusta limpiar, a mí me gusta estar con las cosas limpias… Y eso desde pequeña. Solo disfruto con verlo limpio, con solo mirarlo y verlo perfecto. Siento que lo único bueno es que cuando termino, siento placer. Lo que pasa es que he llegado a unos extremos… Ahora mismo, por ejemplo, tengo una amargura. A ver, ¿por qué tengo yo que estar en tensión? Tengo que cambiar las perchas de mi armario, porque son todas distintas y queda horroroso en el armario. Entonces, hasta que no compre perchas de madera, todas*

> *iguales para que queden bien, no me quedo a gusto… ¿Pero por qué tengo yo esa necesidad? ¿Para qué la tengo yo, cuando el armario está cerrado, y punto? ¡Qué absurdo, Dios mío!*

Higiene y desinfección

A veces, el objetivo de los rituales de limpieza no es tanto estético como aséptico: evitar cualquier forma de contaminación. En estos casos, la idea asociada a la falta de limpieza o de higiene es la de suciedad, como criadero de putrefacción, donde la contaminación es temida no solo por la amenaza de enfermedad y muerte que conlleva, sino también por la de impureza. Recuérdese que en muchas culturas determinadas enfermedades, como la lepra, o incluso procesos físicos como la menstruación y el parto, son considerados impuros, a cuya purificación van dirigidas múltiples prácticas de cuarentena y rituales de limpieza. Estos son uno de los componentes sintomáticos más frecuentes y conocidos de los rituales obsesivos. Entre ellos destacan el lavado de manos, la limpieza y desinfección de la casa, las frecuentes coladas, las prevenciones higiénicas, etc.

> Una mujer casada de 42 años a la que llamaremos Elisa, lleva una vida dedicada casi exclusivamente a la limpieza de la casa, de su propio cuerpo, de los vestidos y los de su marido e hijos. La exageración de este comportamiento es tan elevada que la situación casi se ha vuelto insufrible para ella y su familia. El problema fundamental radica en que cualquier elemento que venga de la calle puede ensuciar y contaminar la casa. Tanto el marido como los hijos, o incluso ella misma las pocas veces que sale a la calle, cuando vuelven del trabajo o de la escuela, deben quitarse el calzado en la puerta de la casa, envolviéndolo en unos plásticos, y dirigirse de inmediato a la ducha, después de la cual se cambiarán toda la ropa, incluida la interior. Naturalmente, toda esta ropa, que se ha usado una sola vez, será lavada a máquina en agua bien caliente y con un potentísimo detergente antibacterias. Si en el trayecto de la puerta a la ducha han

rozado involuntariamente las paredes del pasillo, estas deberán también ser lavadas con agua y jabón. Estas operaciones deben repetirse tantas veces como sea necesario.

El motivo confesado de esta obsesión es proteger a la familia de cualquier posible contaminación. Dado que los microbios tienen una estructura microscópica y no es posible detectarlos, se hace necesario prevenirse de ellos a través de una acción sistemática de limpieza. Este comportamiento obsesivo se desencadenó a partir de un comentario trivial de una amiga, a propósito de los microbios que debía haber en las barras de soporte de los transportes públicos donde la gente se agarra para no perder el equilibrio, cuando se produce algún movimiento brusco en su interior.

Naturalmente, la paciente presentaba ya unas características premórbidas, que hallaron el pretexto para manifestarse a partir de este episodio. Es interesante observar que estos comportamientos y la ansiedad asociada a ellos desaparecieron por completo cuando Elisa pasó con su familia quince días de vacaciones en un hotel. ¿Era el relax, el clima, la despreocupación por la situación o las distracciones de la época estival las que provocaron esta súbita mejoría? Dejamos la repuesta para más adelante por lo interesante que resulta para la comprensión de la dinámica de la obsesión. Solo resta constatar que, efectivamente, las obsesiones por la limpieza reaparecieron en toda su crudeza e intensidad a la vuelta a casa.

Guerra a las bacterias

Asociada a la limpieza, hemos visto aparecer con frecuencia la necesidad de añadir elementos químicos de desinfección, destinados a neutralizar otros elementos como bacterias o microbios, capaces de contaminar el espacio donde se desarrolla la vida doméstica con la introducción de agentes patógenos. Pero en otros casos parece que la finalidad preventiva de estos comportamientos va más allá del ámbito sanitario y está señalando un espacio simbólico entre el interior, el ámbito personal y familiar, y el exterior, social.

Sara, de 51 años, paciente a la que nos referimos en una obra anterior de esta misma serie (Villegas, 2023, p. 108), acude a terapia con una demanda centrada en saber cómo tratar a Mónica, su hermana mayor, de 53 años, que «tiene TOC».

> S.: *Yo tengo una hermana con síndrome de* TOC*… Tiene que lavarse mucho las manos. Yo veo que mi hermana siempre ha sido… Ya desde los 9 años para acá la cosa iba agravándose. A mí eso es una cosa que siempre me ha pesado, que me sabe muy mal. Yo sé que si estuviera ahí tendría que renunciar a mi vida, estar allí con ella, para ponerla, digamos, en su sitio.*

Ya en la primera entrevista se recrea en describir hasta los más mínimos detalles los rituales preventivos que realiza su hermana con respecto a la higiene y la desinfección de todos los utensilios, incluso —o todavía más— cuando viene la señora de la limpieza.

> S.: *Porque, claro, con el trapo —pobre mujer—, va con el trapo arriba y abajo, deja el trapo en la escalera y mi hermana limpia después de que se vaya la mujer de la limpieza, es su obsesión. Y claro, me dijo una vez «estoy cansada, muy cansada». Bueno, y psicológicamente también, cansada… Desde que pone los pies en el suelo ya está pensando que tiene que hacer una lavadora con el chándal de ayer. Y las lavadoras se suceden una detrás de otra… Son chándales gordos, inmensos… Y cuando hay que lavar, tienes que vigilarla si se lava las manos, si se desmaquilla o no se desmaquilla, si… En fin… Si ella tiene que recoger la cocina, en vez de tardar 20 minutos, que es lo que se tarda, está como dos horas y media… Cada cuchara 50 veces, cada vaso 50 veces, cada tenedor 50 veces, cada plato… Y cuando se ducha, pues, yo la oigo que usa más jabón que agua, porque los brazos se los frota 400 veces cada uno, más o menos, y se pasa una hora en el lavabo… Y ahora se echa sola el jabón en la lavadora… Pero si pilla alguien por la casa le pide por favor: «Oye ven, ven y asegúrate de que he puesto el jabón».*
>
> T.: *Me gustaría preguntarte si alguna vez en este último tiempo ella ha ido de vacaciones a un hotel o…*

S.: *No, porque le dan asco, las sábanas, los cubrecamas… Pero, por ejemplo, cuando ella estuvo ingresada en el hospital por una trombosis, le noté una tranquilidad, porque sabía que está desinfectado, cada día se desinfecta, cada día son sábanas nuevas.*
T.: *Y entonces allí dices que estaba más tranquila, no hacía ningún ritual de limpieza.*
S.: *No, no, no… Bueno, nos vigilaba dónde poníamos los bolsos. Pero, bueno, como ella estaba en la cama… tampoco tocaba nada, no tocaba nada para evitar contaminarse.*
T.: *¿Y tenía bastante con que lo desinfectaran una vez al día?*
S.: *En principio, sí.*
T.: *Y cuando está en casa, ¿cuántas veces desinfecta?*
S.: *Hay que pensar en los pomos del lavabo, de su habitación y tenemos el lavabo entero, el mármol, la taza de váter. Varias veces lo hace.*
T.: *Varias veces… En el hospital no; y además no lo hacía ella…*
S.: *No.*
T.: *Interesante.*
S.: *En el hospital estaba a salvo, a salvo de…*
T.: *Y en el hospital, ¿se lavaba también las manos tantas veces?*
S.: *No, porque estaba en la cama, y no tocaba nada, no tocaba el bolso, no tocaba el móvil, no tocaba toallas que no fueran de ella, no tocaba nada. Todo venía esterilizado, la bandeja de comida también esterilizada, todo esterilizado, se supone…*
T.: *Hay que desinfectar todo lo que se toca con las manos…*
S.: *Sí, todo lo que se haya tocado con la mano, todo lo que venga del exterior hay que desinfectarlo… El bolso, el móvil… En fin, todo… Esto le lleva la vida: entre que duerme y desinfecta, se le va la vida.*
T.: *Y cuando va a las clases de inglés o catalán, ¿se lleva su silla?*
S.: *No, no, no. Ella si trabajara, podría hacerlo, porque una vez en el trabajo, ahí se supone que todo está sucio. «¿Qué se le va a hacer? Una vez en casa, ya me desinfectaré». Entonces los libros los tiene fuera del despacho. Y, a veces, me los deja en mi habitación porque están infectados y pueden infectar su habitación. En su habitación tiene que poner un plástico para poner los libros y diccionarios, y los pone encima de la cama… Y no deja a nadie sentarse en su cama… Es su cama, es su si-*

lla... En el autobús ha desarrollado una serie de estrategias: si tiene que abrir la puerta, la abre con un pañuelo y si no, con el dedo meñique... Tirar la basura, no la tira ella. La tiramos nosotros. No por la basura en sí, sino por los contenedores.
T.: *Ya, pero dices que ni en el trabajo ni en el hospital ni en clase tampoco...*
S.: *Se lavaba un poco las manos, pero no...*
T.: *Cambia mucho, ¿no? Y entonces, ¿eso significa algo o qué?*

La pregunta con la que termina este diálogo abre una cuestión del máximo interés para la comprensión del fenómeno obsesivo, la de su significado, a la que le dedicaremos un capítulo más adelante, pero que conviene mantener en mente en cada uno de los casos, a medida que los vayamos exponiendo.

Pureza y castidad

Noli me tangere.
Juan 20,17

Con frecuencia los pacientes obsesivos viven sus impulsos e inclinaciones sexuales como perversos e intentan, por tanto, protegerse de ellos. Cualquier acto o pensamiento sexual es motivo de evitación y desencadena distintas operaciones de prevención o alejamiento, como conjuros o palabras mágicas abracadabrantes, que actúan de exorcismo contra pulsiones obscenas, cada vez que estas aparecen. Se trata, asimismo, de protegerse de cualquier tocamiento propio o ajeno de las partes pudendas, llegando en ocasiones a complicadas maniobras para acceder a su limpieza y desarrollando posturas de brazos y piernas lo más asépticas posible. Los movimientos del cuerpo son igualmente rígidos, evitando cualquier forma de balanceo o señal de voluptuosidad, tanto en el andar como en el vestir. No solo los toqueteos jocosos están prohibidos, sino que incluso los roces ocasionales con el cuerpo de las otras personas constituyen un auténtico tabú. Su lema, «*noli me tangere*», se extiende igualmente a los abrazos, besos o caricias que el sujeto intenta evitar con todo cuidado o, a lo sumo, realizar de forma absolutamente neutra y fría.

No dejéis que los niños se acerquen a mí

En otras ocasiones el paciente desarrolla una actitud evitativa a través de complicadas operaciones mentales rumiativas de evaluación de los pensamientos y su grado de consentimiento o rechazo, suficientemente consciente (los llamados escrúpulos mentales).

> Marcela, una paciente de 30 años, soltera, vivía con sus padres y desde hacía años mantenía una relación sentimental que consideraba poco satisfactoria. Sufría desde hacía 12 años de una grave forma de trastorno obsesivo-compulsivo, que le impidió llevar a cabo sus estudios preferidos, así como la indujo a abandonar más de un trabajo. Su obsesión consistía en la idea de haber cometido actos sexualmente perversos, ocasionando daño a niños. El contenido de su obsesión y la mecánica de su sintomatología habían permanecido invariables a lo largo de los años. La sintomatología tuvo un inicio enmascarado y progresivo. Periodos más oscuros se alternaban con otros menos graves. La paciente no era capaz de identificar ningún acontecimiento desencadenante o que pudiera provocar mejoras o empeoramiento. Vivía su trastorno como si fuera una enfermedad. La secuencia obsesiva empezaba con un acontecimiento ocasional y más bien banal como tomar en brazos a un niño y abrazarlo tiernamente o bien cuando el mismo niño la tocaba para invitarla a jugar. El contacto físico era el hecho que provocaba en su mente la idea de que quizás había podido tocar al niño de una manera o con intenciones eróticas, suscitando en su interior un fuerte malestar y, a veces, una verdadera angustia, conectados a la sospecha de ser una persona sexualmente perversa. En ese momento alejaba de sí al niño para ahuyentar la idea intrusiva, lo cual a veces conseguía. Posteriormente, empezaba a recordar en la imaginación la escena

> del contacto con el niño a fin de asegurarse sobre la pureza del acto. Repetía numerosas veces dicha operación de control mental, a menudo durante jornadas enteras y casi siempre se sentía constreñida a dicha actividad rumiativa. Intentaba evitar el contacto con niños, pero, a veces, como en el caso de su sobrina de 3 años, consideraba la evitación imposible o, como mínimo, inoportuna. En consecuencia aceptaba el contacto, albergaba la sospecha de su perversión y dejaba las rumiaciones para el momento en que estaría sola. La paciente era crítica respecto de sus preocupaciones, que consideraba sin fundamento; hubiera querido poder tomar en brazos a niños tranquilamente, sin la intrusión de la idea de haberlos tocado de un modo perverso. Consideraba que las rumiaciones eran exageradas y que interferían en sus actividades cotidianas y, sobre todo, se quejaba de la imposibilidad de concentrarse. En consecuencia, era incapaz de estudiar y trabajar. Por todo ello intentaba interrumpir dichas rumiaciones, pero se sentía obligada a repetirlas una y otra vez.

Podría perder la cabeza

Lo que es destacable es que gran parte de los rituales conectados con la sexualidad están emparentados con los rituales de contaminación: el sujeto se siente sucio, contaminado, tiene que limpiarse, lavarse las manos, meterse en la ducha, cambiarse la ropa, etc.

Algunos autores, como Vittorio Guidano (1987), opinan que esto se debe a la sensación de descontrol emocional que proporciona la experiencia orgásmica, a la idea de poder perder la cabeza y de entregarse con ello al desenfreno, más que a una concepción purista o abstinente. Explica a este propósito el caso de una obrera, casada y con hijos, que trabajaba en una fábrica, donde un compañero suyo claramente la cortejaba y le hacía propuestas.

> Un día ella aceptó que él la acompañara en su coche a casa. Él hizo un camino mucho más largo y se estacionó en un bosque. Obviamente, ella sabía a lo que iba, pero no le afectó ni fue problema el

> hecho de que tuvieran una relación sexual en el coche. El problema fue que ella tuvo una experiencia de orgasmo que nunca en su vida había sentido, y desde ese momento se quedó completamente maravillada, regresó a su casa y empezó a lavarse las manos porque se sentía contaminada. Este es el problema típico de los obsesivos: no es la sexualidad sino el placer incluido en la sexualidad que tiene que estar bajo control. Siempre tiene que ser un placer que se había anticipado antes, nunca tiene que excederlo.

Otros, como Valeria Ugazio (1998), atribuyen los desarrollos obsesivos a una concepción más bien abstinente de la existencia:

> Afirmar las propias instancias vitales, dejarse llevar por los impulsos, significa ser malos e indignos de amor, repudiados; mientras que ser amables, dignos de amor, requiere la anulación de sí mismo.

En consecuencia, el obsesivo tiene que protegerse de todo aquello que pueda ser interpretado como satisfacción egoísta de sí mismo. Y el sexo tiene todos los números en este sorteo.

Rectitud moral y justicia

Summum ius, summa iniuria.
Cicerón

La justicia es la aplicación rigurosa de la ley. La justicia es representada generalmente con los ojos vendados, como símbolo de la imparcialidad, pero esta imparcialidad es también ceguera. A la justicia no le sirven motivaciones ni intenciones, intenta limitarse a los hechos y a las pruebas, hasta el punto de que, frente a la convicción moral de culpabilidad, el reo es absuelto por falta de pruebas o, frente a la convicción moral de inocencia, el acusado puede llegar a ser considerado culpable en presencia de ellas. No vamos aquí a desplegar un alegato contra las evidentes injusticias, perversiones y triquiñuelas de abogados, fiscales y jueces en el proceso de interpretar y aplicar la ley, haciendo veraz el aforismo «*Summum ius, summa iniuria*». Aceptamos que debe existir una administración de justicia y que esta debe ser respetada como última instancia de arbitraje en los conflictos sociales y en la reparación y corrección del daño infligido a terceros, pero sin dejar de mantener una atención crítica hacia los errores y perversiones en su aplicación. Nos interesa aquí, solamente, observar cómo el obsesivo interpreta y aplica la justicia.

Por razones que se explicarán mejor más adelante, el obsesivo es obstinadamente legalista, hasta el punto de perder la medida humana. Se rige exclusivamente por la ley, que lleva inscrita en su mente. Constituido en juez y fiscal de su propia conciencia, se siente culpable más allá de lo razonable, dado que no solo se acusa de lo que ha hecho, sino de lo podría haber hecho o ha dejado de hacer. Entran también en este paquete de acusaciones los pensamientos e imágenes que han cruzado por su cabeza, los deseos e impulsos que han brotado de su cuerpo. Toda su lucha está dirigida a eliminarlos o reprimirlos. Intento vano, porque, como tan acertadamente puso de relieve Freud, «todo lo reprimido, vuelve».

La ceguera del obsesivo no proviene de la imparcialidad, sino del deslumbramiento que sobre él ejercen la nitidez y exactitud de la ley, dado que esta constituye su único referente moral estable. Esta produce sobre él una atracción fatal, comparable a la que suscita la luz del fuego sobre la polilla, la cual termina por morir abrasada entre sus llamas. La falta de discernimiento moral que produce la ceguera legalista origina una rigidez estricta en la concepción y la aplicación de la justicia. El veredicto es siempre de culpabilidad o, como mínimo, de sospecha. Nunca se suelta al reo, ni, todavía menos, se lo absuelve. Como es ciega, no puede comprender ni, con mayor razón, perdonar. Ante una aplicación tan inmisericorde de la ley y la justicia, el obsesivo tiende a protegerse de ella, analizando cuidadosamente sus actos, previniendo todas las situaciones o incluso eludiéndolas, si le es posible.

Cuando de alguna forma, real o imaginaria, el obsesivo se ve inmiscuido en alguna situación comprometida, los intentos de verificar la propia inocencia pueden llevar a complicadas operaciones de control. En el sistema de justicia obsesivo no existe nunca la presunción de inocencia; esta debe demostrarse. No basta con ser bueno, ni con parecerlo, hay que demostrarlo. En consecuencia, aquellas situaciones que ponen en cuestión su rectitud moral se convierten en generadoras de auténticas torturas inculpadoras en forma de interrogatorios despiadados.

> Un paciente obsesivo de 40 años, arrendatario de un local industrial, desarrolló una aguda crisis de ansiedad al sospechar que una viga maestra que sostenía el tejado de la fábrica podría llegar a ceder. Después de varias comprobaciones técnicas, ninguna de las cuales le dejó con la conciencia tranquila, optó por cambiar de local con el correspondiente traslado de personal y de maquinaria y la inversión que supuso la compra de una nave de nueva construcción. La sola idea de que pudiera ocurrir una desgracia por la caída del tejado en el caso de que cediera la viga no le permitía darse tregua en la solución del conflicto. No bastaba con considerar, como decían los informes técnicos, que no era *probable* que la estructura del techo cediera. Esto era suficiente para generar el estado de angustia, la consideración de su *posibilidad.* En otra ocasión, el mismo paciente desarrolló fuertes sentimientos de culpabilidad al darse cuenta, después de estar un rato absorto en sus propios pensamientos, de que su hijo de corta edad, que estaba jugando a su lado, se había encaramado por una escalera con peligro de caerse. La conciencia de este descuido suscitó una cadena de reproches que lo atormentó durante un tiempo, por no haber estado atento a evitar un mal que hubiera podido producirse a causa de su egoísmo e irresponsabilidad.

El listón moral del obsesivo se halla situado muy alto. En este sentido, es digno de admiración y de respeto y, en ocasiones, puede llegar al heroísmo. Pero su rigidez lo vacía de humanidad y de criterio. Orientado como está a la evitación del mal, no encuentra la forma de convertirlo en bien, cuando se produce. La maximización del imperativo categórico moral no deja espacio a la sutileza, a la complejidad y al perdón, bloqueando cualquier forma de evolución moral, lo que da origen a una estructura de personalidad que Fromm (1941) denominó «autoritaria».

Integridad propia y ajena

Sed libera nos a malo.
Mateo 6,9

Esta última invocación del Padre Nuestro parece el lema que preside la vida de una parte de los pacientes obsesivos, aquellos para quienes la amenaza a la integridad, propia o ajena, sea en forma de enfermedad o de percance físico o psíquico, constituye su máxima preocupación. De ahí que toda su energía vaya dirigida a evitar cualquier forma pasiva o activa de inflicción de daño o accidente a terceros por acción u omisión; o bien a emplear gran parte de su tiempo en someter a prueba las propias facultades mentales para asegurarse de no estar locos, como le sucede a Silvia, paciente de 29 años.

¿Estaré perdiendo la memoria?

Silvia: *Es el miedo de decir: si no tomo el medicamento, a ver si me pasará algo. Pienso que puede ser eso. Todo tiene que estar apuntado e incluso cuento las pastillas. Eso me pasa desde hace unos meses, que tengo que apuntar, el lunes, martes a tal hora. ¿Estoy perdiendo la memoria o qué?*
Terapeuta: *No, no es la memoria.*
S.: *¿Qué sería mejor? ¿No apuntarlo?*
T.: *Sería bueno no apuntarlo si no te preocuparas.*
S.: *Exacto.*
T.: *Apuntar es un sistema para después controlar. Por lo tanto, desaparece la preocupación.*
S.: *Tengo 29 años para saber si ya me he tomado la pastilla o no. Antes no tenía que apuntar. ¿He perdido la memoria?*
T.: *Eso es, más bien, duda.*

S.: *Hay cosas de las que dudo y otras que no.*
T.: *Tiene que ver con la seguridad, la salud. Porque si vas a trabajar o a bailar, no te preguntas: ¿he ido a trabajar?, ¿he ido a bailar? Te acuerdas perfectamente.*
S.: *No, no me lo pregunto. Trabajando o bailando no me acuerdo del dolor de cabeza, ni de los medicamentos.*
T.: *Por lo tanto, si no tuvieras memoria no te acordarías de una cosa ni de la otra. Es algo que tiene ver con una cierta inseguridad o miedo; entonces apuntarlo es la estrategia que utilizas para estar más segura. Porque, si no, ¿qué alternativa tendrías? Aceptar que no lo has tomado y que pase lo que pase.*
S.: *O no tiene que pasar nada por un día.*
T.: *No pasa nada y si pasa, mira… Incluso apuntándolo diez veces.*
S.: *¿Por qué me lo tengo que apuntar ahora?*
T.: *Porque ahora ha surgido este miedo hipocondríaco.*

Donde está el cuerpo está el peligro

Son frecuentes las dudas y los miedos relativos a la propia salud. Y lógicos, en el sentido de que todo organismo se protege contra aquello que puede perjudicarle en su supervivencia.

Ahora bien, la obsesión preventiva puede llevar a formas disfuncionales de protección, como, por ejemplo, aversión hacia cierto tipo de alimentos, a ciertas prácticas o hábitos. O el miedo a contraer cualquier tipo de enfermedad de la que se ha oído hablar. De hecho, la hipocondría es una obsesión invertida hacia la propia salud. Se parte en la hipocondría de la certeza dudosa de sufrir una enfermedad a fin de evitar la duda y la angustia asociadas a la idea de tenerla sin saberlo, inversamente a la obsesión por la higiene y limpieza, cuyo punto de partida es la prevención de cualquier contagio posible, proveniente del exterior.

Ambas formas pretenden protegerse de la enfermedad, pero para la hipocondría el peligro proviene del propio organismo. Como muy acertadamente decía la paciente que vamos a considerar a continuación, «donde está el cuerpo está el peligro». En consecuencia, toda su activación hipervigilante se dirige a monitorizar las señales corporales a fin de descartar o confirmar la detección de cualquier posible enfermedad.

En el grupo de terapia al que acude Ceci, se plantea un diálogo entre los asistentes sobre la actitud de ocultación de los propios síntomas o problemas, llegando a utilizar la mentira para protegerse del juicio de los demás.

> Ceci: *Es curioso, yo también miento. Yo también he mentido en mi problema. Yo soy hipocondríaca, pero ya exagerado. Porque yo, en vez de llevarme a mi hija al parque, me la llevaba a hacer un análisis de sangre. Y nadie se enteraba del análisis de sangre. Y en mi casa, nadie sabe la cantidad de análisis de sangre que yo me he hecho, tanto para mí como para mi hija. Si mi marido me llevaba a hacer un análisis de sangre, pues yo esperaba a que él se fuera y me iba a otra farmacia para hacerme otro análisis de sangre y a lo mejor le decía a mi hija «no te vayas al cole hoy porque mamá tiene que ir a un recado y te quedas con el nene». Y claro, yo estaba mintiendo para poder hacerme el mismo día otro análisis de sangre... Yo no podía estar diciendo en mi casa que me estaba haciendo continuamente análisis de sangre... Me iba a escondidas, todo lo hacía a escondidas. Y me daban los resultados de los análisis y yo me los guardaba para que no me vieran y a veces estaba mirándolos y comparándolos, en cuanto veía la puerta que venía mi marido, ya los escondía. O sea que mientes, ¿eh? Cuando tienes un problema así, mientes.*
>
> Terapeuta: *Un conflicto. Todo aquello que pensamos que los demás no aceptarán, o no entenderán, nos lleva muchas veces a mentir o a ocultar...*
>
> C.: *Claro, es que me daba mucha vergüenza que se enteraran de que en un solo día me había hecho dos análisis de sangre.*

Más vale prevenir que curar

El obsesivo preventivo, en cambio, no centra su atención en interpretar los síntomas más insignificantes como señal de enfermedad, sino en evitar su posible contagio o transmisión, por tanto, en someter a control aquellas situaciones en la que pudiera contraer o contagiar la enfermedad. Tal es el caso de María, paciente de 40 años, al que se refiere Mancini (2000).

> Casada desde hace doce años, tiene un hijo de 10. Sufre desde hace ocho años un grave trastorno obsesivo-compulsivo. Su mente está obsesionada con la idea de poder contagiar a su familia. Al principio, la enfermedad temida era la sífilis, después fue el sida y posteriormente fueron algunos tipos de cáncer, que ella imaginaba más devastadores y dolorosos y que habían llevado a la muerte a muchos de sus familiares. La idea obsesiva aparecía a menudo y de manera intrusiva, a veces a consecuencia de estímulos banales, como rozar a alguien por la calle, otras veces, en cambio, cuando volvía a casa, incluso en ausencia de estímulos presentes pero al recordar estímulos experimentados durante el día. En ocasiones, la idea aparecía cuando se encontraba en situaciones de pleno bienestar, y, en tales circunstancias, la paciente tenía la impresión de «haber ido a buscarla». La idea obsesiva aparecía acompañada de una notable ansiedad y la llevaba a una actividad mental más lenta, marcadamente rumiativa, centrada en la posibilidad de contagiarse o sobre las consecuencias trágicas derivadas. Casi siempre, las rumiaciones se acompañaban de lavados que repetía, compulsivamente cada vez más durante muchas horas. Evitaba totalmente todas aquellas situaciones que, a su entender, fueran capaces de suscitar la idea o el temor del contagio. A menudo pedía ayuda a su marido, tanto en las evitaciones como en los lavados, y le pedía comprobar que hubiera tenido éxito en tal evitación o que hubiera realizado correctamente los lavados. María se mostraba crítica en relación con sus temores, que consideraba exagerados y también dañinos. El trastorno, a su entender, minaba la calidad de su vida, aprisionándola en una red inextricable de evitaciones y lavados, y arruinaba también la vida de su marido y de su hijo.

Estas preocupaciones son parecidas a las de higiene y la limpieza, orientadas a evitar la contaminación o la suciedad, vía por la que pueden colarse fácilmente los agentes contaminantes o nocivos y, por tanto, potencialmente perjudiciales para la salud propia o la de los demás. Son particularmente proclives personas que llevan a cabo ocupaciones sanitarias o que tienen a su cargo el cuidado del bienestar y la salud de niños, ancianos o enfermos. Para algunos profesionales de la salud, la persistencia de estas preocupaciones obsesivas ha llegado a ser tan intolerable que han supuesto el abandono de la profesión después de años de angustia e insomnio: médicos que no podían resolver de ningún modo la sospecha de haber llevado a cabo un diagnóstico erróneo o de haber prescrito una medicación equivocada o contraindicada; cirujanos o dentistas que no podían deshacer nunca completamente la duda de si su intervención había sido la más acertada y de si la habían llevado a cabo de la forma más correcta posible. Al igual que las personas que viven del comercio sexual carnal o que se convierten en sus usuarios. Algunos pacientes que han mantenido relaciones esporádicas y sexualmente superficiales con mujeres de alterne llegan a desarrollar auténtico pánico ante la idea que les asalta de haber podido contraer el sida, la sífilis o cualquier otra enfermedad de transmisión sexual y poder convertirse, de este modo, en agentes de propagación de la enfermedad.

En otras ocasiones, el miedo a causar daño a terceros se presenta revestido bajo formas de evitación de accidentes o de protección contra posibles impulsos asesinos. La diferencia respecto de la actitud sobreprotectora o la preocupación habitual de muchas madres está en que estas intentan proteger a sus hijos o familiares de peligros provenientes del exterior, de las que ellas no son agentes, mientras que la preocupación obsesiva hace referencia a los propios impulsos: la madre —no tan frecuentemente el padre— siente que podría tirar el niño por la ventana, o herirlo con los cuchillos de la cocina, o quemarlo con el fuego o la plancha, o ahogarlo en la bañera. Tales impulsos, por horrorosos que parezcan en primer lugar a quienes los sufren, no son infrecuentes en madres que se han encontrado con embarazos no deseados o que los viven como condicionantes importantes de sus vidas. Naturalmente, los papeles pueden estar invertidos y ser los hijos quienes «deseen» la muerte de los padres, como le sucede a David, estudiante algo rezagado de ingeniería, de 26 años, que vive en casa de sus padres y con un hermano menor. Ha seguido con escaso éxito un tratamiento farmacológico por un trastorno obsesivo. Durante una de las sesiones, referida por Mancini (2000), cuenta lo siguiente:

> *No podía dormir, estaba excitado porque había bebido un café tarde, me sentía pletórico de energía, con una gran confianza en mis posibilidades, mi mente no paraba de hacer proyectos de futuro: los exámenes que iba a realizar, casarme y tener hijos. Podré ganar un montón de dinero, para poder ir de vacaciones, en casa no tenemos dinero, mis padres tienen un seguro de vida, si tienen un accidente, si nos coge algo… Estoy cada vez más agitado, me preocupo de lo que estoy pensando. ¿Quiero que mis padres mueran? ¿Sería capaz de hacerlo? Estoy aterrorizado, me siento solo, empiezo a imaginar escenas, me veo rabioso como un psicópata, entonces deseo la muerte de mi padre y yo soy el autor, tengo dudas de que sea capaz de hacerlo, y el hecho de tener estas dudas aumenta la sensación de que desee hacer estas cosas, me siento confuso, sin confianza.*
>
> *He ido al funeral del padre de un amigo mío, me siento triste. ¿Por qué tienen que suceder estas cosas? ¿Por qué no podemos ser felices todos? Lo siento por mi amigo, también por mí, si me tuviera que pasar, pero en el fondo la vida continúa, hay que seguir adelante y hacer frente a las situaciones. Ahora me siento lleno de energía, con muchas ganas de hacer cosas, empiezo a fantasear. ¿Cómo puedo haber pensado todo eso? Me siento muy culpable, si estoy tan lleno de energía, ¿quiere esto decir que de verdad lo deseo? No lo sé, lo dudo, ¿lo deseo o no?*

Esta preocupación por llegar a producir un daño físico a una tercera persona se puede extender a personas ajenas a la familia, más o menos anónimas. A veces está presente en forma de ideas o fantasías homicidas. Una paciente a la que llamaremos Romina experimenta con frecuencia ideas intrusivas de este tipo cuando hace de canguro:

> *Cuando hago de canguro tengo miedo de clavarle las tijeras al niño… Y luego todos estos pensamientos de matar realmente eran muy intensos;*

> *recuerdo que una vez me enfrenté a este pensamiento y estando junto a un bebé cogí una cuchilla y me dije «venga, hazlo, a ver si puedes...». ¡Qué duro! Aún me siento fatal.*

Magia potagia

Aunque la persona no pueda hacer nada para prevenir de forma realista un accidente o un daño a terceras personas, puede llegar a sentirse obligado a protegerlas aunque sea de forma mágica y a distancia, como, por ejemplo, a través de rituales, particularmente cuando se trata de familiares muy próximos. Ernesto, por ejemplo, sitúa el inicio de sus rituales de pasar las farolas por la derecha en un momento de inseguridad por las desgracias ocurridas a sus abuelos, para conjurar la mala suerte.

> TERAPEUTA: *Porque... ¿qué sentías que le podía pasar a tu familia?*
> ERNESTO: *¿Qué sentía? A ver, pues... No es que sintiese que iba a pasar algo, pero... Creía que podía pasar. Era más bien como una prevención, o sea... Como con el interruptor, que siempre tengo miedo nada más salir de casa... ¿Y si prende fuego por alguna cosa? No sé, tonterías de estas, como lo del gas. Por no haber visto ese día... por no haber controlado la llave del gas, pasa algo y te lamentas de no haberlo observado antes.*
> T.: *¿Crees que tenías miedo de que le pasara algo a tu familia?*
> E.: *A ver, yo ya pensaba que las cosas en parte son por suerte, es decir, que algunas cosas suceden por puro azar. Por ejemplo, cuando yo tenía 9 años fue cuando se murió mi abuela, y un año después mi abuelo, los dos maternos, y fue por un accidente. Un accidente que se quedaron en el baño por culpa del calefactor, o sea de la mala combustión de esas estufas que hay. Bueno, que si es un sitio cerrado y no combustiona bien produce monóxido de carbono. Creo que ha habido más casos de muerte por eso, que no te das cuenta, te vas durmiendo en la ducha y te asfixias, sin darte cuenta. Y bueno, sucedió eso. Entonces como siempre nos pasaban cosas malas, por seguridad, ¿no? Dices... yo no sé si hay algo más o no hay algo más, pero por si acaso, hago esto.*

> T.: *De alguna forma tomaste conciencia de que había cosas que ocurrían por azar.*
> E.: *Sí, bueno, veías situaciones y hacías algo por seguridad... Bueno, sentía inseguridad en todo lo que podía pasar, ya no me sentía protegido... O sea, que no me sentía como un niño que estaba protegido por sus padres, que no va a pasar nada si haces esto. Yo creo que en esa época ya era demasiado precavido y prudente, o sea, sabía que, si hacía alguna cosa, tenía consecuencias...*

Otras veces son noticias de desgracias ocurridas a personas extrañas, como accidentes de tráfico o aviación, terremotos, naufragios, incendios, inundaciones etc., las que sirven de pretexto para activar el pensamiento obsesivo, dado que la primera idea que se ha cruzado por la mente del sujeto es la de alegrarse de que tales hecatombes hayan sucedido en países lejanos, sin que le afecten. Estos accidentes constituyen el cumplimiento de la invocación del obsesivo: «*sed liberanos a malo*» y, por ende, una confirmación del poder mágico de su pensamiento. La consecuencia de ello es la activación de una serie de rumiaciones por las que el paciente se pregunta, ahora, si la alegría que está sintiendo por haberse liberado él y los suyos de la catástrofe no será un indicativo de su participación en la causación de la misma: «si me alegro, es que lo he deseado; y si lo he deseado, es que lo he causado».

Religiosidad

Si Deus pro nobis, quis contra nos.
Romanos 8,31

Esta inscripción, tomada de San Pablo, que aparece inscrita en la piedra sobre la puerta de diversos castillos medievales, hace referencia a la fuente de seguridad, que pretendidamente puede dar la religión, tal como algunos obsesivos buscan afanosamente en ella. Como decía un paciente, miembro activo de una iglesia cristiana, «el dogmatismo de mi iglesia me sirvió como ansiolítico ya desde la adolescencia». Esta finalidad queda claramente explícita en el diario de Ernesto:

> *Otro comportamiento destacable se produce cuando rezo. El rezo se convierte en una fórmula para evitar la posibilidad de que se produzcan sucesos desagradables. Considero que el rezo es una expresión residual de las creencias religiosas como alumno en un colegio de curas. Pero creo que, en realidad, es una muestra exterior de mi inseguridad ante lo que no conozco y que, por lo tanto, no controlo.*
>
> *Podría comentar otras situaciones similares, pero todas se basarían en lo mismo, en una conducta insegura que no sabe si hay algo más en este mundo que lo que percibimos por los sentidos. Por eso, al no conocer si existe algo ajeno a nosotros que pueda determinar nuestro destino, intento cubrir todas las posibilidades para que no suceda nada que pueda dañar a mi familia, ni tampoco a mí.*

La apuesta pascaliana

El mismo paciente, ya en sesión y en referencia a lo escrito en su diario, explica:

> *Por ejemplo, al principio rezaba cuatro veces el Padre Nuestro… Y luego, otras fórmulas para pedir cosas, de desear que no pase nada, pero siempre como una fórmula, no pensando en lo que estaba diciendo. Entonces, poco a poco, a lo mejor, quería cubrir riesgos de alguna manera: haré esta fórmula para que no pase esto, haré esto otro para que no pase aquello. Pero es contradictorio, porque yo no soy creyente, más bien soy agnóstico. O sea, no sé si hay o no hay un Dios. O sea, si me baso en el razonamiento, no sé si existe algo más o no existe algo más. Entonces, ante esta duda, lo más racional es pensar que sí lo hay. Esa es mi lógica, en caso de que no exista nada, pues da igual, no pasa nada. Pero claro, si existe algo y no sabes si es o no es, o sea, si esa persona realmente controla el destino de las personas, como eso no lo sé, pues digo «bueno, en caso de duda, lo hago».*

Este argumento, en caso de duda, mejor creer que no creer, reproduce la llamada «apuesta de Pascal», el filósofo y matemático francés del siglo XVII, según el cual «si crees en Dios y este no existe, no pierdes nada; pero si no crees en él y existe, entonces lo pierdes todo». En consecuencia, mejor creer, por si acaso.

Pacto con el diablo

El caso de Pablo es una prueba de esta lógica pascaliana, aunque para él no se trata de la fe en Dios, sino en el diablo. Pablo es un adolescente de 17 años que cursa bachillerato en el instituto. Se halla totalmente bloqueado y aterrado por un pacto que ha hecho con el diablo y que quisiera anular. Este pacto se originó en el contexto escolar, donde pretendía tener un reconocimiento por su éxito en los estudios, en compensación del aislamiento social al que se veía sometido a causa del *bullying* de sus compañeros. Pero para ello debía estudiar mucho en casa, lo que no siempre conseguía, pues se distraía con frecuencia o se levantaba de la mesa para ir a picotear algo en la nevera. A fin de controlar estas visitas a la cocina, se impuso una condición drástica, hacer un pacto con el diablo: le entregaría su alma si continuaba distrayéndose o acudiendo a la nevera. Pasaron los días y el pacto no surtió efecto. No podía evitar distraerse de vez en cuando o levantarse para beber agua, picar alguna aceituna o comer alguna galleta.

Ante la gravedad del asunto y del riesgo que corría, decidió anular el pacto con el diablo, para lo que redactó una cláusula de recisión. Sin embargo, al poco tiempo, le asaltó la duda de si era suficientemente clara e inequívoca o el diablo la podía interpretar a su favor. Para ello se dedicó a revisarla mentalmente, pero empezó a dudar de si pensar tanto en esto haría que el diablo interpretara que estaba renovando el pacto continuamente. Cuando sintió que entraba en un círculo «infernal», se presentó a consulta. Preguntado por el psicólogo si creía en el diablo, dijo que no y que en su familia eran ateos, pero que, dado que era imposible estar seguro tanto de su existencia como de su inexistencia, era mejor comportarse como si existiera, por si acaso.

Rituales perversos

Probablemente por la asociación consolidada en el catolicismo entre oración, penitencia y perdón, los rezos, particularmente del padrenuestro y el avemaría, se han convertido en fórmulas mágicas para gestionar el sentimiento de culpa. Julio Santana, el sicario brasileño que lleva sobre su conciencia el asesinato de 492 personas por encargo, confesaba al periodista Kesler Cavalcanti (2018):

> *Por estos lares, la policía no se mete con los sicarios... Aunque he vivido siempre con miedo de ser detenido, el miedo a ir al infierno siempre ha sido mucho mayor. La culpa siempre me acompañó después de cada trabajo. Si no la sintiera, no rezaría... En mis pesadillas, las personas a las que maté vuelven para hablar conmigo. Entonces rezo diez avemarías y veinte padrenuestros, y todo se tranquiliza... Cada encargo lo llevaba a cabo con tranquilidad y paz, sin odio y sin maldad en el corazón. Yo sabía que estaba libre de pecado, que Jesús me había perdonado, porque rezaba y el dolor y la tristeza se iban. Sentía el alivio.*

Religiosidad y castidad

Con frecuencia, la obsesión religiosa tiene más que ver con la moral, sobre todo sexual, que con el dogma. La paciente a la que hemos llamado Romina escribía en su diario:

> *Aún me da vergüenza recordar aquella situación en la que de niña empecé a masturbarme y un día descubrí que era pecado mortal, y recuerdo lo mal que me sentí en mi primera comunión por comulgar y no haber confesado mi gran pecado... Sé que lo de la masturbación es algo natural, pero es algo por lo que me he sentido siempre pecadora y sucia, muy sucia.*

Las áreas en conflicto para el obsesivo pueden ser más de una a la vez e, incluso, estar relacionadas entre sí, pudiendo ser usadas indistintamente de forma aditiva o sustractiva.

Un caso particularmente representativo lo constituyen las interrelaciones entre religiosidad y castidad, tal como se presentan en el paciente de 40 años al que hemos llamado Roberto (capítulo 1), el cual, ya desde adolescente, sufre de intensas obsesiones obscenas y blasfemas. El sistema de mutua neutralización que el paciente ha elaborado entre ambas tendencias es digno de consideración. El escalamiento entre una y otra empieza con el impulso masturbatorio. Para contrarrestar este impulso acuden a la mente del paciente blasfemias horribles. Para protegerse de ellas, Roberto las desvía hacia divinidades egipcias, haciéndolas objeto de sus imprecaciones, las blasfemias que brotan en su mente. Sin embargo la persistencia de ellas es un recordatorio de los impulsos masturbatorios iniciales, que se intenta controlar. Dado que tales intentos resultan infructuosos, la escalada de blasfemias va subiendo de tono y se traslada del Antiguo Egipto al Olimpo de los dioses griegos y al Panteón de los romanos con el mismo resultado infructuoso. Hasta que empieza a meterse con figuras menores del santoral cristiano y la jerarquía eclesiástica, terminando por acercarse peligrosamente a la Virgen Purísima y a las tres Personas de la Santísima Trinidad. Ahí tiene que detenerse por lo horrendo de las blasfemias y la suprema dignidad de los personajes. El sistema capaz de poner freno a esta orgía de blasfemias es dar rienda suelta, compulsivamente, al acto masturbatorio, después de lo cual Roberto queda relajado físicamente, pero con un gran sentimiento de culpa, que solo consigue paliar pensando que con ello ha evitado pecados mayores.

Una voracidad insaciable

Parecería que el despliegue de este círculo virtuoso de perfección, orden, limpieza, castidad, justicia, integridad y religiosidad debería ser suficiente para mantener al obsesivo a salvo de cualquier crítica axiológica, temeroso del juicio moral del que pudiera ser objeto, no solo por parte de las figuras de autoridad, humanas o divinas, sino de su propia conciencia. Sin embargo no es así, puesto que la desconfianza en sus propios criterios y recursos mentales, la duda sobre la intención y ejecución de sus propios actos y la culpa respecto a las posibles faltas por comisión u omisión van a requerir, como veremos en el próximo capítulo, mecanismos de seguridad que le permitan revisar sus pensamientos, rumiando recursivamente sin llegar a ninguna conclusión, volver literalmente sobre sus propios pasos para comprobar si se ha verificado la situación temida o si se puede prevenir o exorcizar el mal mediante el recurso a rituales a los que se atribuye un poder mágico.

4. El cinturón de seguridad

Los sistemas de control

La duda, la desconfianza y la culpa sumen al sujeto en un estado de ansiedad que frecuentemente lo desborda. Para hacer frente al mar de angustias y zozobras en que se debate, el obsesivo se entrega a una actividad frenética de control, como si intentara tapar con ella las rendijas por las que se cuelan en la barca de su existencia la duda, la desconfianza y la culpa; dirige toda su atención a achicar el agua que la inunda por todas partes, en lugar de recuperar el timón que le permitiría alejarse de la zona tormentosa. De una manera racional o mágica, el obsesivo intenta someter a un riguroso control todos sus actos, pensamientos y deseos, por un tema de alta seguridad.

La reacción del obsesivo no está muy alejada de la reacción común. Después del accidente del Concorde ocurrido en el verano de 2000 en las cercanías de París, todo el mundo se hacía las mismas preguntas respecto a la seguridad del avión supersónico. Los responsables de las compañías deciden, finalmente, suspender los vuelos: se afirma que tales aparatos presentan una serie de al menos unos cincuenta y cinco defectos detectados que deben corregirse. Pero, en el supuesto de que puedan llegar a corregirse antes de reemprender el vuelo, ¿quién nos asegura que no van a producirse nuevos problemas imprevistos y, tal vez, imprevisibles?

¿Podría alguna vez el ser humano haber llegado a volar, siguiendo esta lógica obsesiva? La respuesta es, evidentemente, que no. No obstante, parece que la lógica obsesiva ejerce una función importante en el conjunto de la sociedad y los proyectos humanos: el campo del derecho civil o penal son un ejemplo claro del valor de la precisión «obsesiva» con la que se construyen los principios de la justicia. Y, sin embargo, esta no se consigue nunca plenamente. La ciencia experimental debe también mucho de su rigor al pensamiento obsesivo y gracias a ella los puentes suelen aguantarse y los ascensores elevarse, aunque el derrumbe del viaducto Morandi en Génova en 2018 o los diversos fracasos de cohetes espaciales en el momento de su despegue vengan a cuestionar el optimismo tecnológico del que se envanecen.

Pero las sociedades civiles y científicas están dispuestas a revisar sus principios teóricos y a corregir los fallos mecánicos en su construcción o funcionamiento. El paciente obsesivo, en cambio, no; debe prevenirlos absolutamente. La sociedad funciona de forma alternativa: a momentos de autoexigencia les siguen épocas de relajación. El paciente obsesivo, por el contrario, mantiene día y noche el estado de alarma y tensión. La sociedad se satisface con objetivos intermedios, dando espacio y tiempo a ulteriores evoluciones de sus logros; el paciente obsesivo no puede tolerar la ambigüedad, la relatividad o la imperfección, se agita en una constante revisión de sus actos y pensamientos y solo se calma con la ilusión de lo absoluto, que se desvanece tan pronto como cree haberlo alcanzado.

En ausencia de una confianza básica que permita pensar y actuar de forma tranquila y segura, el obsesivo echa mano de distintos recursos a su alcance, tales como las rumiaciones, las conductas de comprobación o los rituales mágicos, que vienen a desarrollar la función de sistemas de control tanto de su propio funcionamiento interno como de los acontecimientos externos, que dependen del azar. Estos constituyen su cinturón de seguridad: pueden amortiguar el choque, pero no evitarlo de manera infalible, de manera que por ello no puede relajarse.

El pensamiento abstracto: las rumiaciones

El primero de estos recursos que consideramos pertenece al área cognitiva: el obsesivo echa mano de su capacidad de razonamiento lógico, pensamiento analítico, habilidad dialéctica, memoria de recuperación, pero sin llegar a ninguna conclusión definitiva. Por eso rumia y rumia sin fin. En consecuencia, sus fallos son más de omisión que de comisión, por no haber hecho lo que, tal vez, debería haber hecho. Con frecuencia los intentos de control son explícitos. El paciente somete a control consciente cada uno de sus pensamientos, de sus deseos, de sus acciones.

Un debate parlamentario

Una dramatización de la lucha interna que se despliega en el interior del sujeto, a tal propósito, puede seguirse en el siguiente diálogo construido sobre la metáfora de un «debate parlamentario» entre el terapeuta y Julio, paciente de 30 años que asiste a un grupo terapéutico, que reproducimos a continuación:

> Terapeuta: *Y dices que te vienen pensamientos a la cabeza. ¿Qué tipo de pensamientos?*
> Julio: *De control, de control, me siento controlado, observado.*
> T.: *¿Por quién?*
> J.: *Por todos... El otro día fui al mercado, empecé a pensar y a sentirme muy agobiado. Estoy más pendiente de mí que de los demás, me miro demasiado, en pocas palabras.*
> T.: *¿Y por qué te miras?*
> J.: *Para no hacer el ridículo. Es el miedo a hacer el ridículo y el deseo de estar bien con todos, lo que es algo imposible. Porque no puedes ser agradable con todos ni gustarles a todos, pero el pensamiento lo tienes.*
> T.: *Que tengas un pensamiento no significa que no puedas tener otro pensamiento.*
> J.: *Lo tengo. Por eso me peleo con los dos pensamientos. Uno estira por un lado y el otro por el otro. Pero casi siempre domina el negativo... Hay pensamientos negativos de fondo y absorben, es obsesivo, es un debate mental que cansa.*
> T.: *Parece el parlamento.*

J.: *Más o menos.*
T.: *La oposición, el partido del gobierno, ¿quién gobierna?*
J.: *Gobierna la parte negativa.*
T.: *Gobierna la oposición.*
J.: *Sí, porque hace autocrítica... Y yo me siento mal; para sentirme bien busco defectos para corregirlos y mejorar muchas cosas. Lo que pasa es que no se acaba nunca, ahí está el problema...*
T.: *Entonces tenemos una continua crisis de gobierno, constantemente la oposición está gobernando.*
J.: *Claro.*
T.: *Puede que debiéramos disolver el parlamento y hacer nuevas elecciones.*
J.: *Claro... O un poco de anarquía.*
T.: *O un poco de anarquía.*
J.: *Desde la última etapa ya me venían estas tonterías: siempre ha sido un debate político... Y pasa con mis hermanos y con mis padres. Intento hacer las cosas bien, las cosas como yo creo que tienen que ser, los agoto, soy muy crítico y todo tiene un punto de vista... Querer hacer un entorno magnífico, una obsesión. No consigo aceptar a las personas con sus defectos y virtudes, y claro, acabo creando malestar y quedándome solo.*
T.: *¿Y el pueblo está contento con este gobierno, con este parlamento?*
J.: *No, aún no.*
T.: *Y cuando vengan nuevas elecciones, ¿volverá a pasar lo mismo?*
J.: *No sé, no sé...*
T.: *Cuando hay elecciones en tu pueblo, ¿los votos se reparten?*
J.: *Sí, pero no gana nadie.*
T.: *No gana nadie, no hay consenso.*
J.: *No, porque no están contentos... Y hay pacto electoral.*
T.: *¿En qué consiste el pacto electoral?*
J.: *En no entenderse. Es un guirigay constante... No hay modo de diferenciar. Este es el problema, saber lo que es mío, lo que quiero o no quiero. Siempre he tenido el problema de no dar la talla.*
T.: *¿Deberías dar la talla?*
J.: *Yo creo que sí.*
T.: *Pero cuando deberías dar la talla, te cortas.*

J.: *Y entonces cuesta mucho tomar decisiones… Sobre todo querer controlar cada situación, es lo que más me preocupa.*
T.: *Si hicieras propaganda electoral, en tus próximas elecciones, ¿cuál sería el eslogan?*
J.: *Libertad de pensamiento.*
T.: *Libertad de pensamiento. ¿Qué implicaría?*
J.: *Lo tengo muy claro, pero no lo hago: distinguir lo que es necesario de lo que no.*
T.: *¿Cuál es la dificultad para distinguir lo que es necesario de lo que no lo es?*
J.: *Dudas.*
T.: *Dudas; así no está tan claro.*
J.: *Lo tengo claro como idea.*
T.: *¿Pero cuándo aparece la duda?*
J.: *Cuando considero los pros y los contras.*
T.: *Es decir los pros y los contras hacen que lo que está claro quede oscuro.*
J.: *Yo tengo la idea de lo que debo hacer, pero no lo hago… Tengo miedo de que no salgan las cosas como tenía previsto.*
T.: *¿Y qué pasa si no salen las cosas como tenías previsto?*
J.: *Decepción.*
T.: *Por ejemplo, ¿no quieres equivocarte nunca?*
J.: *Tampoco es eso: admito que pueda equivocarme. Es humano. Sí puedo equivocarme, pero lo más mínimo… Sí, pero en las cosas importantes, no.*
T.: *Tú piensas en unas cosas que podrías probar y que te pueden decepcionar si no salen bien.*
J.: *Sí, pero no puedo arriesgarme a probarlas, porque no son controlables: pueden ser muy buenas o muy malas. Pero, como no se sabe… Desconfías, desconfías, no tanto de las otras personas, cuanto de ti mismo. Tienes tantas dudas que no puedes dejar ninguna puerta abierta al error.*

En este diálogo, el paciente apunta a la experiencia de un debate interno sobre la base de la consideración de los pros y los contras de su acción, la *duda*. Este debate no se resuelve porque el fiel de la balanza permanece inmóvil ante el miedo a *equivocarse*. La posibilidad de probar está anulada, porque podría salir mal, *cuesta mucho tomar decisiones.* No puede decidir, saber lo que es suyo y lo que es ajeno, porque *desconfía* de sí mismo: «Sobre todo querer controlar cada situación es lo que más me preocupa».

Y si...

María, la mujer que temía haber podido contagiarse del sida y a la que ya nos hemos referido antes, está particularmente preocupada por las posibilidades de su transmisión. Los hechos, según relata Mancini (2021), se desarrollan a mediados de la década de 1980. En aquellos momentos poco se sabía de los medios de transmisión del sida; se relacionaba con una enfermedad mortal, que se transmitía por intercambio sexual o hematológico.

Esto le produjo a María una preocupación creciente que intentaba controlar con rumiaciones. Estas se dispararon a propósito de haber leído en una revista la noticia de la muerte de Rock Hudson, quien había anunciado públicamente haber sido víctima de contagio de sida, del que murió poco después, en 1985. El párrafo siguiente reproduce, en forma de diálogo interno, las rumiaciones constantes a que María sometía esta cuestión:

> *—Tener esta foto entre mis manos es como si estuviera tocando el enfermo. ¿Y si me hubiese contagiado? Sería terrible. Qué despistada que he sido, debería haber estado más atenta.*
> *—Pero ¿qué estoy pensando? Todo esto es absurdo.*
> *—¿Y cómo podría estar segura?*
> *—No puedo. El fotógrafo ha tenido que acercarse a Rock Hudson... La fotografía es un primer plano y, por tanto, se podría haber contagiado.*
> *—Sí, pero el sida no se contrae por la proximidad. Tiene que haber un contacto íntimo.*
> *—Ya, ¿pero cómo puedo saber si lo ha habido o no? El fotógrafo podría ser homosexual.*
> *—Bueno, pero no parece probable que se produzca una situación de intimidad en una habitación de hospital y con un enfermo grave.*

—Pero yo no estaba allí. Entonces no puedo excluirlo.
—De acuerdo, pero suponiendo que el fotógrafo se hubiera contagiado, ¿cómo se podría transmitir el virus y llegar hasta mí?
—Porque el fotógrafo ha revelado él mismo las fotos y podría haberlas contaminado.
—Ya, pero yo no he tocado ni al fotógrafo ni sus fotos originales.
—Pero los tipógrafos que han impreso estas páginas, a lo mejor, sí.
—Claro, pero los virus que no parasitan un organismo mueren al cabo de media hora.
—Pero tal vez puede haber una mutación genética y algunos hayan podido sobrevivir.
—En cualquier caso se requiere una cierta carga viral.
—¿Pero cómo puedo saber cuál es esa en cada momento?
—Bueno, pero para penetrar en mi cuerpo debería hacerlo a través de cortes o arañazos en las manos, y no tenía ninguno.
—Sí, pero tenía un pellejo al lado de la uña del dedo índice.
—Ya, pero no me sangraba en aquel momento…
—Y si hubiera estado distraída y no me hubiera dado cuenta… Oh Dios mío, he corrido un grave riesgo y debería haber estado atenta para evitarlo. Sería mi culpa…

Todo este diálogo de María consigo misma se sustenta en la imposibilidad de dar una respuesta definitiva que aleje todo temor y toda duda, pues siempre quedará en forma de interrogante: «¿y si…?». Esta pregunta es el último bastión de los pacientes hipocondríacos que no acaban de estar convencidos de que sus males imaginarios no puedan ser reales y tener una causa fisiológica, que es la única que los puede explicar de una manera razonable y lógica.

El caso de María nos lleva a evocar lo que muchas personas han experimentado de manera más o menos dramática con el COVID-19, la inseguridad en relación a las formas de contagio y las dudas suscitadas al respecto sobre todo en los momentos iniciales de la pandemia. La prevención más eficaz era el confinamiento. El virus estaba en el aire y se transmitía por la respiración o por el contacto con los objetos en los que se podía haber depositado. ¿Cuál era la carga viral necesaria? ¿Cuál el tiempo de exposición? Todos íbamos desesperados buscando mascarillas y soluciones hidroalcohólicas, guardando distancia interpersonal y lavándonos las manos al mínimo contacto con objetos que pudieran estar contaminados, comportándonos como auténticos obsesivos, aunque por «prescripción médica».

El intento de control absoluto, fruto de la desconfianza, produce el efecto paradójico de pérdida de control voluntario sobre las propias decisiones, dando origen a las conductas de comprobación y a los rituales compulsivos.

El pensamiento concreto: conductas de comprobación

Si pudiera atribuirse un orden idealmente lógico a los procesos psicológicos puestos en marcha por el obsesivo para hacer frente a sus dudas, podríamos establecer una ordenación de mayor a menor a partir de los intentos de controlar el pensamiento, característicos de un buen grupo de obsesivos, como hemos visto en el apartado anterior. Esta es una estrategia en la que prevalece el estadio formal del pensamiento. Cuando el control del pensamiento fracasa es posible intentar establecer estrategias de control en el nivel concreto u operativo (Villegas, 1993). A este grupo pertenecen las conductas de comprobación.

Las compulsiones de comprobación consisten en la inspección o comprobación excesiva para, supuestamente, prevenir desgracias futuras y protegerse o proteger a los demás de posibles desastres o peligros (por ejemplo, comprobación de haber cerrado el gas, la puerta, de haber apagado la plancha o el fuego, o de haber finalizado correctamente algún trabajo). Los «comprobadores» sobrestiman la probabilidad de que a causa de una irresponsabilidad suya suceda una catástrofe física (por ejemplo, que se incendie la casa o que se mueran sus familiares) o emocional (por ejemplo, cometer un fallo que sea objeto de ruptura sentimental). La conducta de comprobación suele ir seguida de la duda insoportable sobre si se ha comprobado correctamente, lo que conlleva una nueva comprobación. La comprobación puede ser manifiesta (por ejemplo, comprobar físicamente haber cerrado el gas) o encubierta, como preguntar o solicitar a otros que realicen sus comprobaciones (por ejemplo, pedir a otra persona que compruebe si el gas está cerrado) o realizar comprobaciones mentales (por ejemplo, repasar mentalmente la secuencia de cerrar la puerta).

Así no hay quien se case

El caso siguiente está extraído de una transcripción, cedida por un colega. Se trata de una joven mujer de 26 años a la que llamaremos Amelia, que vive con sus padres. Consulta por problemas obsesivos que le impiden, según ella, acceder al matrimonio.

> Amelia: *Me gustaría casarme, pero tengo miedo. No quiero casarme porque padezco un complejo obsesivo. Por la noche hago la ronda veinte veces a la casa para constatar si las puertas y ventanas están bien cerradas. No consigo evitarlo. Empiezo una y otra vez… Tengo que hacer un gran esfuerzo para ir a la cama. Tengo que ingeniarme los mil y un truquillos para que mis padres no se den cuenta… Hace ya dos años que dura la cosa, estoy agotada por esta lucha en la que mi voluntad no puede nada en absoluto. Cómo podría casarme en estas condiciones. ¿Cree que es posible eliminar este complejo?*
> Terapeuta: *No es un complejo, es un síntoma.*
> A.: *¿Quiere decir entonces que tengo algo más profundo?*
> T.: *Así es, e intentaremos descubrirlo.*
> A.: *Oh, sí; preferiría estar ciega a sufrir esta obsesión.*
> T.: *¿Usted tiene coche?*
> A.: *Sí, tengo coche.*
> T.: *¿Se le reproducen las mismas manías obsesivas con el coche?*
> A.: *Sí, pero no tanto… Compruebo cada día; me resulta difícil no comprobarlo varias veces seguidas. Cuando aparco cierro las puertas como si las fuera a romper para controlar que las he cerrado bien… A veces vuelvo otra vez hacia el coche, como temiendo haber olvidado algo, aunque sé perfectamente que lo he cerrado todo.*

Todo controlado

Los ejemplos podrían multiplicarse indefinidamente, todos con características parecidas. La finalidad de tales conductas es, en general, la de evitar la ocurrencia casual de alguna desgracia por omisión. Ernesto, paciente obsesivo al que ya nos venimos refiriendo en capítulos anteriores, escribe en su diario:

> *Hoy, como cualquier otro día, antes de salir de casa, vigilo que las conexiones eléctricas estén libres y la entrada del gas cerrada. También hago lo mismo cuando salgo del despacho con las conexiones de allí... Desconecto todos los cables, el ordenador, la impresora, la luz, separo los cables, compruebo que no haya ningún papel al lado para que no pueda haber ningún chispazo y con ello un incendio. Cierro uno y cuento hasta nueve, mentalmente, o sea todo esto mentalmente, nunca lo exteriorizo... Luego hay una luz, una lámpara, y entonces lo que hago es comprobar cuatro veces cuatro su estabilidad para que no se caiga... Luego la puerta, cojo las llaves, pero antes compruebo también los muebles, los archivadores que estén cerrados con llave. Hago otra vez lo mismo, cuatro veces cuatro. Luego salgo y cierro la puerta que tiene dos cerraduras. Para cerrar la de arriba cuento hasta veintiocho, y la de abajo doy nueve vueltas al palo para comprobar que esté cerrado...*

Esto, que podría ser una reacción natural de prudencia y seguridad, se convierte en una obsesión cuando los controles de seguridad se realizan con una especie de ritual numérico, como le sucede a Ernesto.

> *Por ejemplo, tengo que mirar la llave del gas cerrada durante nueve segundos o tengo que tocar el interruptor de la luz, una vez apagada, mientras cuento mentalmente cuatro veces cuatro de forma ordenada y consecutiva. Todo esto lo hago con la intención de evitar cualquier suceso negativo. Esta manera de actuar proporciona la seguridad que necesito para abandonar mi casa o el despacho, sin temor a que pase nada.*

Darse la vuelta

Entre las conductas de comprobación se hallan igualmente todas aquellas dirigidas a comprobar de forma presencial o vicaria, por ejemplo, leyendo el periódico, mirando las noticias de la televisión o a través de las diversas plataformas en las redes sociales, que una acción involuntaria, particularmente un movimiento, no haya causado un daño o accidente a un tercero:

> Un paciente de 28 años tuvo que dejar de conducir, porque cada vez que pasaba por un puente le asaltaba la duda de si había rozado a algún ciclista o viandante haciéndole caer al agua. Ante esta duda se veía obligado a volver atrás y comprobar si efectivamente alguien había caído al río o si la presencia de coches de policía o bomberos delataba la existencia de algún accidente. En alguna ocasión había llegado a rehacer hasta 130 km, volviendo de Lleida a Zaragoza, para llevar a cabo este tipo de comprobaciones. Lo que buscaba el paciente eran las pruebas de no haber cometido un daño involuntario. No tranquilizaban su conciencia las reflexiones sobre la ausencia de intencionalidad ni la convicción subjetiva de no haber provocado ningún accidente. Era preciso comprobar que no había cadáveres. Así como el veredicto de la justicia sobre un asesinato no puede llevarse a cabo en ausencia del cadáver o de las pruebas de su destrucción, para el obsesivo el veredicto de inocencia se sustenta sobre su defecto.

Móvil, ¿para qué te quiero?

Las comprobaciones pueden llevarse a cabo a distancia, intentando comprobar los recuerdos y las imágenes que se guardan en la mente de la última vez que se ejecutaron las conductas preventivas de posibles accidentes.

> Antonio, cuando se hallaba fuera de casa, repasaba varias veces las imágenes que tenía en la memoria de haber cerrado debidamente la

llave del gas o la puerta de la casa. Si no le venían con claridad a la mente, llegaba a suponer que se la podía haber dejado abierta con el riesgo que se produjera una explosión de gas con la consiguiente destrucción del edificio. Se imaginaba la pareja de ancianos que habitaban en el entresuelo, sepultados entre las ruinas, los niños del piso superior atrapados entre los escombros, el personal de socorro intentando rescatar a las personas aún con vida, los bomberos apagando las llamas y la policía abriendo una investigación, que llevaría indefectiblemente a acusarle a él como responsable. Para aumentar la probabilidad de certeza, se le ocurrió utilizar el móvil para sacar una foto de cada uno de sus actos preventivos, pero luego le asaltó la duda de si después de la foto no había vuelto a abrir el gas por algún motivo que no recordara y que luego hubiera olvidado de cerrar y fotografiar.

Puestos a comprobar

Como tantos otros pacientes, Silvia, a la que hemos visto dudar de su memoria en el capítulo anterior, a pesar de su juventud (29 años) no se acuerda si ha tomado las pastillas y tiene que controlarlo apuntándolo en un papel. Empieza a distinguir, en lo que concierne a su hipocondría, el origen ansioso de sus pinchazos, pero todavía conserva la necesidad de controlar el resultado de sus acciones a través de comprobaciones.

SILVIA: *A mí me han dicho que soy muy negativa.*
TERAPEUTA: *¿Qué quiere decir esto?*
S.: *No lo sé. Cuando salgo a bailar, ¿soy negativa? ¿Entonces? A los ataques de ansiedad ya no les doy importancia.*
T.: *Eso está muy bien, es muy positivo.*
S.: *Porque ahora sé que eso es ansiedad. Antes pensaba si me hace daño aquí, será un ataque de corazón. Ahora pienso, me duele, es un pinchazo, ya se me pasará. Podría tomar un medicamento, pero no quiero. Al cabo del día, siempre hay un momento que siempre me pasa. Un dolor,*

unos pinchazos que pueden durar diez minutos. Algún día pasará algo, pero de momento no le doy importancia. ¿Por qué me tengo que medicar, si después desaparece?
T.: *Si no fuera ansiedad, ya te habrías muerto.*
S.: *Exacto.*
T.: *Lo único es que luego deberías volver para comprobar si de verdad estás muerta.*

El pensamiento mágico: los rituales

Ante el fracaso de los intentos de control racional a través del razonamiento, o concreto, a través de comprobaciones, muchos pacientes recurren a los rituales mágicos de control. Tales rituales están orientados a prevenir la duda y la culpabilidad, puesto que depositan la confianza en controles externos, tanto si estos provienen de su propia invención, como si son el resultado de fuerzas externas o superiores (mágicas), invocadas a tal efecto: la suerte, la divinidad, los astros o cualquier otro tipo de elemento esotérico. De esta manera, intentan conseguir la confianza, depositándola no en sí mismos, sino en alguna estrategia externa o atribuyéndola a alguna fuerza exterior.

En realidad, el obsesivo lucha contra un enemigo inaprensible, una fuerza siniestra, superior o demoníaca: los propios demonios interiores. Ahora bien, dado que las fuerzas diabólicas no pueden vencerse directamente sino a través de conjuros, sortilegios y exorcismos, es en esta lucha donde adquieren sentido los ritos supersticiosos de la obsesión. Exorcizar significa, según Binswanger (1957):

> invocar continuamente, ahuyentar, enfatizar incansablemente, repetir insaciablemente: es la fórmula de la falta de libertad que, presa de sí misma, se bate contra las paredes de su prisión.

El recurso a fuerzas externas superiores, mágicas o diabólicas, característico de los rituales obsesivos, sirve fundamentalmente para protegerse de algún mal futuro o de las consecuencias de un mal pasado, siempre probabilístico, puesto que el paciente, como hemos visto, no está seguro de que haya pasado o vaya a pasar, y sobre el que siente que carece de poder o control interno. De este modo se hace ineludible desarrollar diversos sistemas de protección o prevención.

Uno de los sistemas más comunes de control mágico de la realidad consiste en intentar descifrar el destino, *leyendo* los signos que este nos manda a través de los medios más variados: las líneas de la mano (quiromancia), las entrañas de las aves (aruspicina), las posiciones de los astros (astrología), etc. El obsesivo suele crearse un código particular de señales que le sirven para advertirle, prevenirle o protegerle de los posibles peligros, desde los gatos negros, la sal vertida o las escaleras de caballete, comunes entre el variado acervo de supersticiones compartidas, hasta las combinaciones idiosincráticas más extravagantes de palabras o números.

Cuidadito

Lola Voss es una paciente nacida en el año 1900 en Latinoamérica, de padre alemán y madre mestiza. Toda la familia pasa también unos años en Nueva York antes de su regreso a Alemania, por lo que Lola habla con bastante fluidez tres idiomas: castellano, alemán e inglés. Las referencias que de ella tenemos se deben al psiquiatra suizo Ludwig Binswanger (1957), que la visita a la edad de 24 años. El motivo de su internamiento en un sanatorio tiene que ver con una reacción descrita en la terminología de la época como «melancólica», reactiva, según parece por el relato de la historia, a la oposición del padre respecto del matrimonio de la hija con un médico español que ha conocido en un baile, y a los obstáculos que posteriormente este opone a causa de problemas familiares que, según él, le impiden por el momento el compromiso matrimonial.

Esta reacción melancólica se presenta acompañada de extraños comportamientos supersticiosos, como llevar siempre el mismo vestido y calzado y rechazar cualquier tipo de sombrero o de gorra para cubrir la cabeza. Pero lo que llama más la atención en su caso son los juegos lingüísticos y las combinatorias de palabras que Lola hace con los tres idiomas que habla. En estos juegos, los objetos adquieren una valencia especial en virtud de la palabra que los denomina. Así las palabras que empiezan por *car* (como: *car*a, *car*ta, *Kar*tofell), relacionadas con la negación, son signos favorables, puesto que indican ausencia de preocupación (en inglés *no care*). En consecuencia, una persona que se ponga la ma*no* en la *car*a constituye un buen augurio, puesto que significa que no hay motivo para preocuparse. Son horribles, en cambio, estas mismas palabras si se hallan connotadas afirmativamente: por ejemplo, la *car*a de una mon*ja* (*ja* significa «sí» en alemán; es decir, hay que preocuparse), que ve en la cubierta de un libro, provoca una huida precipitada de la librería. Igualmente, si necesita comprar alguna cosa o buscar hospedaje debe hacerlo en almacenes u hoteles eco*nó*micos (*no car*os), dado que estos indican ausencia de preocupación; en cambio los *car*os le impedirían poder llevar a cabo cualquier actividad: comprar, comer, dormir.

Los bast*on*es, por otra parte, terminados en punta de *go*ma, al igual que los zapatos con suela de *go*ma son señales de peligro, puesto que están diciendo que algo «no va» o que hay que detenerse, no seguir adelante (*no go,* en inglés), a causa de la inversión de la sílaba «on» de bastón en *no* y de la primera sílaba de la palabra *go*ma. Del mismo modo, aquellas palabras, objetos o personas que en cualquiera de los idiomas que habla Lola contengan la sílaba *si* (como *si*lla o naríz —pronunciado nar*ís*—), o la sílaba *ja* (en alemán «sí», como ore*ja,* mon*ja*) son indicativas de peligro, puesto que afirman que hay motivo para preocuparse.

La función de tales juegos lingüísticos parece estar clara, y participa de la misma dinámica de todas las supersticiones: prever, proteger, evitar cualquier tipo de peligro o invocar la suerte. Así justifica un paciente de 40 años algunas de sus prácticas:

> *Porque me han dicho que un ramo de claveles blancos y uno rojo traen buena suerte. Ahora creo, yo qué sé, en todo: que meter un vaso de vinagre con sal debajo de la cama, que quita la mala influencia. Antes lo ponía y no pasaba nada, pero ahora se pone verde, verde aceituna, o*

> *sea, no tiene sentido, porque antes era la misma sal y el mismo vinagre. ¿Por qué se pone verde? Para que veas hasta qué punto estoy* zumbao... *Cruces de Caravaca... ¿Es absurdo verdad?*

La superstición se arraiga en la creencia de que ciertas palabras, actos o gestos previenen por su propia naturaleza de las desgracias y hay que realizarlos necesariamente, como pronunciar ciertas fórmulas, tocar determinados objetos, besar el césped del campo de futbol antes de empezar el partido, seguir un orden rígido e invariable en la ejecución de las tareas domésticas o de aseo personal, contar todos los semáforos que se cruzan antes de llegar al trabajo, etc. Al igual que todavía se conserva en algunas partes la costumbre de persignarse antes de salir a la calle para prevenirse de cualquier mal, o de «tocar madera» para invocar la suerte, el obsesivo desarrolla ritos y gestos orientados al mismo fin.

Existen, por otra parte, como hemos visto en el caso Lola Voss, términos *nefandos;* vocablos o sonidos que no pueden nombrarse o pronunciarse, como no poder leer en voz alta palabras que empiecen por la letra C, puesto que la C está asociada a las tres causas más frecuentes de muerte «*c*orazón, *c*áncer, *c*arretera», constituyendo, por tanto, un recordatorio o amenaza de muerte; o *evitandos*, actos u objetos que no pueden realizarse, mirarse, tocarse o adquirirse, como los zapatos de *go*ma o las *go*rras llevados por hombres que se pasean con un bastón, a causa de su implicación significativa.

Tomar las medidas

> Lucas, un paciente de 31 años que debía comprar un coche, se vio imposibilitado, al menos en dos ocasiones, de cerrar el contrato de compra, que ya tenía estipulado, porque en la primera ocasión al ir a firmar y poner la fecha se dio cuenta de que hacía once meses y once días exactos de su matrimonio, lo cual podía ser un presagio terrible para él y su pareja. Lo mismo sucedió en la segunda ocasión, cuando, después de escoger el modelo que quería comprar, se le

ocurrió preguntar por las medidas del coche: estas eran de cuatro metros y once centímetros. Naturalmente no podía comprarse un coche con estas medidas, por lo que se le ocurrió pensar que tal vez con un alerón posterior se modificarían, al menos en un centímetro; pero grande fue su sorpresa al enterarse por el vendedor que de este modo tampoco se modificaban las medidas del coche. Como es de suponer, el paciente regresó a casa sin el coche. El número 11 resulta terrorífico para este paciente, puesto que once es el acrónimo de la Organización Nacional de Ciegos de España (ONCE) y una de sus obsesiones es el miedo a la ceguera.

Fracaso preventivo

Esta misma implicación significativa es la que en ocasiones, si no ha sido resuelta definitivamente, puede estar en el origen de las recaídas sintomáticas como en el caso de que referimos a continuación.

Rebeca, paciente obsesiva, ha conseguido hacer desaparecer casi por completo los rituales que le servían para calmar la ansiedad de la culpa y proteger los suyos de cualquier mal (tocar determinados objetos, contar series numéricas, abrochar los botones en un determinado orden, etc.). Ha puesto fin a la terapia hace un año y medio, periodo durante el cual ha quedado embarazada y ha dado a luz un niño que tiene ya cinco meses y al que está alimentando con pecho. Pasadas las fiestas de Navidad llama preocupada al terapeuta: han vuelto a reaparecer de forma imprevista los rituales. Durante este año y medio ha muerto una abuela, se le ha diagnosticado un cáncer de estómago al suegro y uno de los cuñados ha sufrido un infarto de miocardio. Ninguno de estos hechos, sin embargo, ha desencadenado de nuevo la crisis de ansiedad. El acontecimiento precipitante ha sido la muerte repentina de su padre, de 74 años, precisamente al volver de su casa, después de la comida de Navidad. En estas circunstancias atraviesa por su mente como un rayo el pensamiento de que todas las desgracias sucedidas, después de

> haber dejado de practicar los rituales, puedan estar conectadas con su actitud despreocupada y que tiene que retomarlos plenamente o, de otro modo, podría morir también el niño.

El pensamiento mágico pertenece al patrimonio humano y constituye, posiblemente, una de las primeras formas de simbolización que desarrolló el hombre primitivo en su proceso de humanización, así como uno de los primeros recursos a través de los cuales el niño construye su mundo mediante el juego. Este tipo de pensamiento mágico se halla en el origen de todos los ritos religiosos. El hombre, en efecto, ante lo imprevisible y lo terrorífico recurre a poderes superiores que vienen invocados a través de sortilegios frente al miedo a la desgracia y responden a la necesidad de control de lo desconocido. Tales invocaciones, con el paso del tiempo, se han ido ritualizando, podríamos decir que a través de un programa de refuerzo diferencial por el que solo perviven aquellos que se consideran más eficaces, hasta alcanzar un alto grado de sofisticación en los rituales litúrgicos. De modo que tales rituales pasan a formar parte integrante de la cultura compartida por amplios grupos de población sin que ello se considere el producto de ninguna perturbación mental. Entonces, ¿qué es lo que hace que los rituales obsesivos, que obedecen a los mismos criterios que los litúrgicos, sean considerados insensatos no solo por un observador externo, sino por el mismo sujeto que los padece? Una respuesta posible podría ser la que hiciera referencia a su falta de *koinonia,* de comunalidad, es decir, a su idiosincrasia o singularidad no compartida (Binswanger, 1957).

Pero el absurdo de un ritual no se fundamenta tanto en su singularidad, sino en la falta de poder real sobre el acontecimiento que pretende prevenir. La diferencia que existe entre un ritual religioso y otro supersticioso radica en el hecho de que a través del ritual religioso lo que se invoca es una divinidad a la cual, por definición, se le atribuye un verdadero poder para influir sobre los acontecimientos, mientras que la fuerza del ritual supersticioso se atribuye a seres u objetos infrahumanos, por ejemplo, un astro o una herradura, o bien a los deseos o pensamientos mágicos del propio sujeto, que carecen totalmente de capacidad para producir el efecto que se les supone.

Otra respuesta posible haría referencia a su carácter repetitivo y, por tanto, inútil y absurdo. ¿Qué más da controlar tres veces la llave de paso del gas en lugar de dos o cinco? Pero este argumento choca con la evidencia de que las repeticiones numéricas forman parte intrínseca, precisamente, de los ritos litúrgicos: deben hacerse tres reverencias con la cabeza o tres genuflexiones con la rodilla derecha y no dos o cinco, ni con la rodilla izquierda; debe incensarse tres veces en la dirección de cada uno de los puntos cardinales (3x4 = 12); debe repetirse tres veces una invocación, y así indefinidamente.

Precisamente, la numerología forma parte de nuestra tradición religiosa más próxima, la católica, por no decir de la hebrea o la egipcia, así como de los ritos pitagóricos y de tantas otras: tres son las personas de la Santísima Trinidad («*omne trinum est perfectum*», cualquier trío es perfecto); siete son los días de la semana y el último de ellos es sagrado porque en él descansó el Creador; doce (múltiplo de tres) son los apóstoles (como las tribus de Israel) y por ello el trece es un número fatídico (puesto que en la Última cena, trece eran los comensales y uno de ellos, Judas, el supernumerario, resultó ser un traidor). En cuanto a la valencia de los números es interesante señalar que en general los números impares son preferidos a los pares: «*Numero deus impare gaudet*» (Dios goza con los números impares), dice Virgilio en las *Bucólicas* (8:75). De este modo, algunos números, particularmente el tres o el siete y sus múltiplos (como el doce entre otros), han llegado a adquirir un valor sagrado en muchas religiones.

Existen, también, números demoníacos como el 666 que, según el Apocalipsis (13,18), es el número de la Bestia. Un paciente evitaba cualquier número compuesto por seises, pero temía particularmente el número 36 puesto que es el múltiplo o cuadrado de 6 (6x6 = 36). Para evitarlo esperaba 9 (múltiplo y cuadrado de tres) segundos y luego contaba hasta 28 (múltiplo de 7), con lo cual saltaba directamente al 37 (9+28= 37).

Por muy absurdas que puedan parecer estas combinatorias numéricas, las asociaciones de palabras o de sonidos, las conductas comprobatorias o las rumiaciones constantes, suelen tener un efecto tranquilizador a corto plazo, aunque luego se revelan insuficientes a largo plazo, dando por resultado un aumento o una repetición de estos mecanismos de control hasta el infinito. La razón parece ser que la duda se proyecta no tanto sobre su eficacia, sino sobre su correcta aplicación. No parece, pues, muy eficaz toda esa parafernalia esotérica y numerológica para los fines que se propone.

Existen sin duda otro tipo de ritos, como los lavados, a los que ya nos hemos referido ampliamente en el capítulo anterior y sobre los que no vamos a detenernos ahora, que podrían resultar, a primera vista, más operativos. Tales ritos de purificación por las aguas, o de limpieza en general, se hallan presentes en muchas religiones y constituyen incluso ritos de iniciación en algunos casos (el bautismo, por ejemplo). Sin embargo, el uso que hace el obsesivo de los rituales de purificación deja también de ser funcional al estar supeditado igualmente a reiteraciones numéricas y al perder su función instrumental, por lo que cae igualmente bajo el dominio de lo absurdo. Precisamente, esta característica de absurdo es la que nos lleva a plantear la cuestión del sentido del (sin)sentido de estas estrategias defensivas, que trataremos de averiguar en el capítulo siguiente.

5. El sentido del sinsentido

El sentido de los mecanismos de control

Está claro, a ojos de cualquier observador, que los mecanismos o estrategias de control, desplegadas por los obsesivos para protegerse de sus miedos, no solo parecen absurdos o sin sentido, sino además inútiles o ineficientes para el fin que se proponen, puesto que deben repetirse incesantemente ante el fracaso sistemático de sus objetivos. Sin embargo, la lógica, aunque sea *pato*lógica, nos dice que si este tipo de mecanismos se repite con tanta frecuencia y por tantos sujetos en el mundo algún sentido debe tener.

Rumiaciones, comprobaciones y rituales son las estrategias principales que usa el obsesivo para protegerse de la ansiedad. Ahora bien, ¿cuál es el origen de esta angustia que se intenta reducir con el despliegue de este arsenal de estrategias? La respuesta nos la dan, con frecuencia, los propios obsesivos, y tiene que ver con la evitación del castigo o el remordimiento por la culpa de algo mal hecho (culpa deontológica) o de un mal acarreado a otros (culpa altruista), o por la vergüenza de un fallo o error propio, que se podría haber evitado o prevenido.

El auricular y el perro

Mireia, paciente de 34 años, a la que vimos ya en el capítulo primero, presenta unas conductas de limpieza compulsiva, rumiaciones y comprobaciones, que ella relaciona con culpa por falta de responsabilidad y prevención.

> *Yo, siendo adolescente o veinteañera, tenía la sensación de que cuando me lo pasaba bien, tenía un sentimiento de culpa al día siguiente. Y ahora me he dado cuenta de que tengo una amiga con la que quedamos cada 15 días para tomar unos vinos y nos pasamos cuatro horas hablando y yo luego, al día siguiente, me siento mal, como si hubiera hecho una trastada y con miedo a que tus padres te pillen. Algo así como «Uy, lo que he hecho». Por ejemplo, ayer quedé con ella y, claro, volví más tarde y todavía tenía que sacar al perro, darle de comer, cenar yo, y he tenido que dejar cosas para el día siguiente. Pues me pesaba ahí la responsabilidad y la culpa, y me empezaba a sentir mal, en plan de «Ay lo que has hecho, no se puede volver a repetir»* [sentimiento de culpa].
>
> *Y como ahora intento analizar todo lo que me pasa, cómo me hace sentir y tal, pues de hecho ayer me pasó que, no sé si está relacionado, pero entiendo que sí, me di una ducha, ordené unas cosas que traía de haber venido a ver a mis padres, saqué al perro y hubo un momento en que me puse un auricular para escuchar podcasts, mientras paseaba al perro. De repente pensé «este auricular no lo he limpiado ni desinfectado, y he estado con él antes en el centro de salud y en el taxi y, claro, esos sitios son sucios y hay enfermedades… Y además estoy recién duchada y además me voy a la cama, y este auricular, y luego pensé: claro, es que igual venías de tomar los vinitos, que igual no hiciste las cosas bien»* [sentimiento de culpa].
>
> *Y entonces intentaba recordar si lo había hecho o no, pero no me acordaba… E intentaba decirme a mí misma «no te vas a volver a duchar, si lo hiciste bien, bien; y si no, también». Pero no me lo podía quitar de la cabeza. Yo lo que quería era quedarme a gusto y pasar del tema… Pero no podía quedarme a gusto, sin razonarlo, y razonándolo, no llegaba a ninguna parte* [rumiaciones]. *Claro, yo quería recordar si había limpiado ese auricular. Pero no me acordaba; buscaba recuerdos mentales que me dieran la seguridad de que ese momento de limpiarlo había ocurrido. Buscaba pruebas del hecho, pero a la vez no eran seguras… Pues o bien pensaría «igual te lo estás inventando y no es verdad», o intentaría llevarlo a «eso es de ayer, no es de hoy». Intentaría volver*

a hacerme el lío de que eso no es cierto [comprobaciones]. *Cada vez que llegaba a una conclusión, la boicoteaba. Esa conclusión ya no valía porque igual no me basaba bien en lo que me estaba basando.*

Soy incapaz de parar el pensamiento de que necesito saber si está bien hecho: «piensa que esté bien hecho, recuerda como lo hiciste, tienes que saber cómo lo hiciste...». Entonces mi cabeza hace un rebobinado de lo sucedido: «Llegué a casa, hice esto con las llaves, bla, bla», un resumen milimétrico para encontrar el momento que me estaba perturbando, por ejemplo ayer con el auricular. Y si no llegaba a este detalle por el camino encontraba otro fallo, y entonces ya me preocupaban dos cosas. Uy, pero las llaves, ¿qué hice con ellas al cerrar la puerta? Uy, las llaves, igual están mal... [comprobaciones].

Claro, porque como venía de estar con una amiga, igual iba tan feliz que pasé de ello y no lo hice bien, y me lo salté en plan de paso de todo. Era como si no hubiera sido suficientemente responsable, porque como venías de pasártelo bien, pues ¡hala, da igual 8 que 80! Era como un enfado conmigo de decir «igual el auricular no lo limpiaste, porque venías tan contenta de estar ahí pasándotelo bien, que dijiste «¿para qué?». Pues ahora tienes un problema, y ahora no lo vas a poder pasar bien, hasta que no se pase lo que has hecho, porque no has sido responsable de hacerlo bien... Si esto que estás pensando ahora lo hubieras pensado cuando llegaste a casa, habrías limpiado el auricular y ahora estarías feliz». Es donde yo tengo la responsabilidad de poder arreglarlo. Pero no me importa que el auricular esté mal, me preocupa que este mal acarree mal a otras cosas, y entonces haya mucho mal [sentimiento de culpa].

Una nota en el parabrisas

A veces solo es el sentimiento de culpa el que se halla en el trasfondo de los temores del obsesivo. Pero, con frecuencia, se añade también el de vergüenza. Vergüenza y culpa es lo que siente Julio, el paciente del debate parlamentario, por haber cometido un fallo, aparcar el coche muy justo y haber encontrado en el parabrisas una nota escrita a mano del vecino del parking, en la que se podía leer: «No se crea que usted es el único que aparca aquí en este parking». Teme además el posible descontrol emocional que pueda producirle encontrarse con él por sorpresa sin haber tenido tiempo para planificar su reacción.

Julio: *Aparqué mal el coche, un poco salido. Y el chico que aparca al lado mío me puso una nota, con muchas faltas de ortografía: «No se crea que usted es el único que aparca aquí en este parking». Yo me enfadé y pensé: prefiero que me lo diga a mí personalmente y, pase lo que pase, yo le diré «oye, perdona, otro día lo pondré bien». Y si él se pone agresivo, yo también me pondré, pero lo solucionaremos. En cambio me deja una nota y más me enfadó la manera en que me la dejó: «No se crea que usted es el único».*

Terapeuta: *¿Qué hay en esa manera?*

J.: *Para mí es de una posición muy mezquina dejar una nota. No es lo mismo decir «no se crea usted que es el único que aparca» que «apárqueme, por favor, bien el coche». Hay mucha diferencia.*

T.: *¿Dónde está la diferencia?*

J.: *Pues, que es una manera como muy trágica y arriesgada. Porque este chico a mí no me conoce, y no sabe mi reacción. Si soy agresivo, veo la nota, le rompo la cara. Pero es muy arriesgado, yo nunca lo haría porque sé que corro un riesgo innecesario. Yo diría «perdone, aparque bien el coche si no, no lo puedo dejar». Es muy arriesgado, tiene que tener mucho valor para escribir eso. Yo actuaré de otra manera, yo me lo encontraré y le hablaré bien: «oye, perdona que he aparcado mal el coche el otro día, porque tenía prisa». Y es verdad, tenía prisa. No reparé en aparcarlo bien. Y entonces, pues yo ya me sentí culpable.*

T.: *Sí, lo que a ti te ha provocado esta culpa es la manera en que él te ha dicho…*

J.: *Como ha enfocado esto. Eso me ha afectado total.*

T.: *Sí. Te ha dicho «no se crea que usted es el único que aparca». ¿Qué hay en esa frase: «no se crea»? Se supone que tú te lo crees.*

J.: *Yo no me creo nada.*

T.: *Pero él lo supone. Él supone que tú te crees el único… Con lo cual establece una oposición. Tú no eres el único. También estoy yo. Aquí aparece un enfrentamiento.*

J.: *Pues eso, yo lo cogí así. Por eso me asustó y la manera en que el chico lo enfocó… Porque yo pensé «¡este chico es belicoso por huevos! Por la manera en que lo pone tiene que ser agresivo… y yo no quiero pelearme».*
T.: *Claro, muy bien. Entonces, a ti te da un mensaje escrito, no da la cara…*
J.: *Con una servilleta de restaurante, ¡que es peor! Ni papel de calidad… Nunca se me hubiera ocurrido escribir en una servilleta.*
T.: *Pero en este momento no estamos intentando comprenderlo a él sino a ti. O sea, ¿qué hay ahí que te ofende? ¿Te ofende que sea una servilleta?*
J.: *No, no ¡qué va! Eso es un detalle… Lo he dicho como broma. Aunque sí que tiene que ver, sí. No quería decirlo, porque parece que sea muy rebuscado. Pero es verdad, es verdad. Tiene algo que ver.*
T.: *Lo que se trata es de saber qué es lo que a ti te afecta. ¿Te afecta que esté escrito en una servilleta? ¿Te afecta que esté escrito con faltas de ortografía? ¿Te afecta que diga «no se crea que», el tratamiento distante, de usted, impersonal, «no se crea»?*
J.: *Eso es lo principal.*
T.: *Eso es lo principal, y no es que sea lo único. Y eso que te afecta te produce un sentimiento. Y ese sentimiento, una emoción, que es rabia.*
J.: *Antes de rabia, malestar. Y sorpresa. Y luego la rabia.*
T.: *Primero hay una sorpresa: hay un papel ahí ¿Qué hace ese papel? Abro el papel: ¡Ostras! Me juzga equivocadamente. ¿Por qué me está juzgando equivocadamente? Porque está suponiendo…*
J.: *Sí, sí, sí. Va por ahí.*
T.: *Sí, porque está suponiendo que tú te crees… Por lo tanto hace un juicio sobre ti, que no ha comprendido por qué tú has dejado el coche de esta manera. No ha tenido en cuenta tus razones. No te comprende. Si no te comprende, te sientes mal… A continuación, miras el coche y resulta que no está del todo bien aparcado.*
J.: *Cierto.*
T.: *Cierto. Y entonces te empiezas a sentir algo culpable, porque si lo hubieses dejado bien aparcado, no te hubiera puesto la nota y no te habría producido sorpresa, malestar y rabia.*
J.: *Sí, es todo esto.*

Culpa, responsabilidad y control

Está claro que de lo que el obsesivo quiere liberarse a cualquier precio es de la responsabilidad culposa y que para ello echa mano de los mecanismos de control que hemos venido describiendo hasta ahora. Las curiosas excepciones, representadas por aquellas situaciones en las que el obsesivo se ve casi «milagrosamente» liberado de sus síntomas, ponen de manifiesto el significado idiosincrásico del que se hallan revestidos los mecanismos de control, sean esos de prevención, mágicos o de comprobación. El obsesivo puede distinguir claramente entre diversos ámbitos de responsabilidad como el profesional y el personal o familiar, el público o el privado, el ajeno o el propio. Podría suceder, por ejemplo, que mientras el primero se ve libre de sintomatología, el segundo se halle plenamente sumergido en ella.

La razón de ello cabría buscarla en el modo diferenciado en que el obsesivo construye la responsabilidad en uno u otro de los ámbitos. Mientras los fallos en el ámbito profesional, aunque de ellos pueda derivarse daño a terceros, son considerados como errores que pueden corregirse o reparase o incluso ser motivo de aprendizaje (perspectiva *reversible)*, en el ámbito personal o familiar estos son considerados como *irreversibles*, que no admiten perdón ni reparación posible y que, en consecuencia, deben evitarse absolutamente. O al revés, podrían ser considerados totalmente inadmisibles los errores en el ámbito profesional, y tolerables, en cambio, en el personal o relacional.

En otros casos, basta con que la responsabilidad esté compartida con otros familiares o delegada temporalmente en profesionales ajenos al ámbito familiar, como el personal del hotel durante unas vacaciones, en el caso de Elisa, el ama de casa que obligaba a toda la familia a cambiarse de ropa cuando llegaban de la calle. O en el personal del hospital, los responsables de la empresa en el trabajo o los profesores en las clases, como le sucede a Mónica, la hermana de Sara, que se pasa horas desinfectando la casa, haciendo la vida imposible a todos los que viven con ella (capítulo 3). O resignada en personas de mayor autoridad. O simplemente no se consideren de incumbencia propia sino ajena (perspectiva *libre* de responsabilidad), como en el caso de Ceci, la paciente hipocondríaca, a propósito de la limpieza. Así puede colegirse del siguiente diálogo en referencia al descuido general de la sala del Centro de Salud Mental, instalado provisionalmente en un barracón, donde se llevaban a cabo los grupos de terapia.

> T.: *Cuando tú estabas hablando de la suciedad en los rincones y tal, yo te pregunté «¿cómo te sientes aquí? Porque seguro que si levantas esos armarios...».*
> C.: *Ah, pero esto a mí me da igual; la casa donde estoy me da igual cómo esté; y además tengo la virtud de que no me fijo en nada, o sea, si yo voy a una casa... Yo no critico nada ni a nadie; cada uno tiene su casa como quiere.*
> T.: *Y ¿no te sientes incómoda?*
> C.: *No, no me siento incómoda con nada... solamente lo mío... solamente lo mío....*
> T.: *Por lo tanto, no es la limpieza lo que te obsesiona. Porque si aquí no está limpio y no te molesta... A ver, ¿cómo me explicas eso? ¿Cómo lo explicas?*
> C.: *O sea, ¿no es la limpieza? No entiendo...*
> T.: *Vamos a ver, tú dices que limpiar no te gusta, ¿no? El proceso de limpiar no te gusta... A ti te gusta disfrutar de que esté limpio...*
> C.: *Exactamente.*
> T.: *Disfrutar; tú has dicho que te da hasta placer... Aquí, por ejemplo, en esta sala, donde se ve la herrumbre de aquellos armarios...*
> C.: *Sí, yo todo esto no lo tendría, los hubiese tirado... Yo lo hubiera puesto todo nuevo, todo perfecto... Pero bueno, yo aquí estoy totalmente relajada, bien, feliz. Y no me importa, como a mí me gustaría estar en mi propia casa.*
> T.: *Exacto. Pero bueno, vamos a ver, entonces no será la limpieza...*
> C.: *¿Será otra cosa?*
> T.: *Será otra cosa. Si lo estás diciendo tú misma: el videoclub es mío, la casa es mía. ¿Ves la diferencia? Donde tú tienes una responsabilidad, ahí surge la neura.*
> C.: *La neura, sí.*

T.: *Mientras no tienes la responsabilidad, no te surge. Tú eres responsable de que esté limpio. ¿Qué pasaría si no estuviera limpio algo que estuviese bajo tu responsabilidad? ¿Y por qué tú estarías incómoda en tu casa?*
C.: *Porque me produce intranquilidad saber que la casa está sin hacer o que la ropa está sin planchar, o que…*
T.: *Y eso, ¿qué te dice de ti?*
C.: *No sé… Que no hago las cosas bien, o que…*
T.: *Si las haces mal quiere decir que tú… ¿qué?*
C.: *¿Que no sé hacerlo? ¿Que soy tonta? ¿Que soy irresponsable?*
T.: *Supongamos que eres irresponsable, eres tonta, no sabes hacerlo… ¿Cómo te sientes tú si eres eso?*
C.: *Mal. Porque las cosas hay que hacerlas bien para sentirte bien… ¡Ay!, no lo sé, me estoy liando…*
T.: *¿Te puedes aceptar a ti misma siendo dejada?*
C.: *No, no… No.*
T.: *¿Ni siquiera de vez en cuando?*
C.: [tajante] *No.*
T.: *Ah, tienes que ser absolutamente impecable.*
C.: *Sí.*
T.: *Si no, no te puedes aceptar…*
C.: *No.*
T.: *¿De dónde viene eso? Cuando eras pequeña, ¿ya eras así?*
C.: *Sí. Ya de niña. Me acuerdo de la ropa que siempre iba muy limpia, que no me manchaba… Tenía 6 o 7 años, disfrutaba yo de verme limpia, me veía los zapatos limpios, no sé… Después, cuando me fui haciendo mayor, me acuerdo que limpiaba la habitación, que siempre la tenía muy, muy ordenada…*
T.: *Tu madre debía estar encantada.*
C.: *Sí… Pero no limpiaba el resto, ¿eh? Limpiaba mi habitación. Y mi madre nunca me obligó a nada, ni a fregar el lavabo ni a nada. Nunca me dijo «hasta que no limpies no sales». Nunca, nunca. Sin embargo, yo no sé por qué… En mi habitación le decía yo «no me la toques». Y la tenía perfecta… Sin embargo, yo nunca he fregado el suelo de fuera, ni nada… Si a mí me decía mi madre que lo hiciese, lo hacía. Pero no, a mí me obsesionaba mi habitación.*

T.: *Ajá… A ti te obsesiona lo que está relacionado contigo. Lo que es tuyo, donde tú estás. ¿Por qué no querías que tu madre entrara en tu habitación?*
C.: *Porque no lo haría bien. Porque no lo haría como a mí me gusta; lo hacía mejor yo. Bueno, mejor no, como a mí me gustaba. Yo lo tenía todo perfecto, bien puesto, la cama bien hecha, mi escritorio, todo en su sitio… Incluso cuando hacía esto, me acuerdo, disfrutaba limpiando, lavando mi habitación.*
T.: *Ni tu madre podía entrar a tu habitación porque no lo hacía como tú querías… ¿qué satisfacción encuentras en este hacer que dices?*
C.: *No sé… Encuentro que está todo bien, todo controlado y que entonces ya puedo estar tranquila y descansar. Si no, no puedo.*
T.: *A ti te obsesiona lo que está relacionado contigo, lo que es responsabilidad tuya.*
C.: *Exacto.*

Tohu va-bohu

La expresión hebrea, tomada del libro del Génesis, que encabeza este párrafo, se refiere al *caos total* en el que se encontraba la tierra en el momento anterior a la creación de la luz. Esta sensación de caos es la que se produce en algunas circunstancias en las que la situación natural o provocada es tal que se hace imposible cualquier asunción de responsabilidad. Por ejemplo, en el caso de unas mudanzas, donde todo el mobiliario ha sido trasladado («contaminado») por manos ajenas; o bien de un incendio o inundación, donde la suciedad desborda la posibilidad de limpieza con los medios habituales (perspectiva *justificada o excusada* de responsabilidad). Algunas terapias conductuales aprovechan este dinamismo psíquico, aun sin saberlo, para provocar una exposición masiva a situaciones ansiógenas a fin de facilitar, en condiciones de responsabilidad resignada, una experiencia correctora.

La conexión entre responsabilidad y mecanismos de control, puesta de relieve por la desaparición de estos mismos mecanismos en los casos en que la responsabilidad no es atribuible o su exención está justificada, indica a las claras cuál es el sentido del aparente sinsentido de rumiaciones, conductas de comprobación o rituales de prevención.

Siempre que para el sujeto exista una percepción de responsabilidad *ineludible* —pero al mismo tiempo *incontrolable*— se pondrán en marcha los mecanismos obsesivos de control. De este modo, aunque parezca, como dice Binswanger (1957), que el sentido de la acción sea del todo extraño al acto en sí, como, por ejemplo, encender y apagar repetidas veces un interruptor de la luz, se podrá establecer una conexión de significado más allá de su posible valor simbólico entre una acción o invocación cualquiera y la evitación de un peligro. Tal vez no tengamos ningún control sobre un peligro que puede acechar a uno de nuestros hijos, pero si nos sentimos responsables de cualquier daño que les pueda suceder, fácilmente estableceremos una conexión de significado entre una cosa que podemos hacer o controlar, como encender y apagar el interruptor, doblar la servilleta siempre del mismo modo, colocar los libros en un determinado orden, recitar una fórmula, rezar un padrenuestro, por ejemplo, y la evitación del peligro.

Llegados a este punto, las condiciones para que los mecanismos de control puedan desarrollarse parecen estar claras y se pueden reducir, como los mandamientos, a dos:

- Autoatribución de responsabilidad ineludible.
- Percepción de posibilidad de control, ya sea mental, conductual o mágico.

El sentido de las comprobaciones

En algunas actividades humanas, como las científicas y tecnológicas, la responsabilidad y el control son esenciales e inherentes a su validación. El diseño de un experimento científico debe poder ser replicable al infinito para ser validado, de otra manera no podría aplicarse en la práctica, como sucede, por ejemplo, en los ensayos clínicos que deben acompañar al desarrollo de una vacuna, en los que debe demostrarse su eficacia, a la vez que su inocuidad. El obsesivo se comporta como un científico que intenta comprobar repetidamente el resultado de sus acciones o intervenciones para poder estar seguro de sus conclusiones, pero que, a diferencia de este, nunca llega a un resultado concluyente.

Compañía de seguros y reaseguros

Estas características se ponen de manifiesto en el diálogo con Silvia, a la que ya hemos aludido en capítulos anteriores, a propósito de las conductas de comprobación mediante la anotación en una libreta de la toma de la medicación diaria. En este fragmento de sesión interviene otra compañera del grupo, Montse, a propósito de las conductas de comprobación.

> TERAPEUTA: *La estrategia que utilizas de apuntar las tomas del medicamento es para recordarlo, para estar más segura. Necesitas estar segura de poder estar segura. Es algo que tiene que ver con una cierta inseguridad o miedo. Es la estrategia de aquellas compañías que no solo son de seguros, sino también de reaseguros. Hacen un seguro para asegurar el seguro.*
> SILVIA: *Pero, a ver, si hace mucho tiempo que me la vengo tomando y nunca lo he apuntado, ¿por qué me la tengo que apuntar ahora?*
> T.: *Porque aparece como una conciencia de responsabilidad.*
> S.: *¡Exacto! ¡Yo también pienso que es eso! De responsabilidad de…*
> T.: *¡Claro! Si hay otra persona, por ejemplo, que se ocupa de darte una pastilla cada día a la misma hora, tú te sientes liberada, porque hay otra persona que se hace responsable. Por lo tanto, no es solo la cosa de la salud.*
> S.: *No, porque también me pasa con cerrar la puerta o con el gas…*
> T.: *Pero siempre pensando en tu responsabilidad.*
> S.: *Pero lo que es el gas, lo que es el fuego encendido, o cualquier otra cosa, eso sí me preocupa. Lo que he pensado es que, la próxima vez, cierro la llave del gas y ya está.*
> M.: *Pero si cierras la llave de paso del gas entonces seguirá la obsesión, tendrás que comprobar cada vez que la has cerrado.*

S.: *¡Ah, no, claro!*
Montse: *Mira, yo era de las que iba y volvía a la cocina, volvía a encender todos los fuegos y los volvía a apagar.*
S.: *¡Es lo que he hecho yo!*

El sentido de los rituales

Así como las reiteradas comprobaciones del obsesivo no pueden considerarse absurdas, sino acaso excesivas o exageradas, tampoco deben serlo las supersticiones o los rituales repetitivos del obsesivo. En efecto, infinidad de rituales son compartidos universalmente por las más diversas culturas y forman parte de los distintos recursos con los que la mente humana construye y anticipa la realidad. Tampoco las acciones mágicas más diversas de carácter supersticioso pueden considerarse por sí solas absurdas.

Si los fundadores de las primeras ciudades ofrecían sacrificios, incluso humanos, o clavaban puntas de hierro en el subsuelo del perímetro de la muralla, era porque tales actos obedecían a una finalidad, estaban cargados de simbolismo o significado. Por una parte, había que pedir perdón a la naturaleza o a los dioses por la inversión del orden natural que supone la creación de la *polis;* por otra, había que protegerla de los espíritus inferiores (infernales), que podían emanar de la tierra cuando esta era excavada para construir los fundamentos de los muros que rodeaban la ciudad.

Por muy absurdas que tales prácticas puedan parecer a una sensibilidad posmoderna, resulta evidente que estaban cargadas de significado o simbolismo. Todavía hoy en día se colocan solemnemente, bajo la mirada de las cámaras de televisión y los *flashes* de los periodistas, las primeras piedras de edificios o construcciones públicas y emblemáticas que serán inauguradas a su término por las autoridades civiles y bendecidas por las religiosas.

Resta, pues, sin respuesta adecuada hasta el momento, la pregunta relativa a la percepción del absurdo de los rituales del obsesivo, compartida tanto por un observador externo como por el propio paciente. Percepción que contribuye a la sensación de extrañeza que experimenta el sujeto con respecto a sus propias acciones y pensamientos. Si la razón de tales fenómenos no puede hallarse en la falta de *koinonia* (experiencia compartida en común), ni en la repetitividad de tales actos, ¿a qué puede atribuirse?

A nuestro juicio, la respuesta a esta cuestión no se halla tan lejos de la propia percepción del absurdo. Es decir, si tales actos son percibidos como absurdos es porque el sujeto los vive como tales, como carentes de sentido. El sentido de la obsesión, desde el punto de vista descriptivo, dice Binswanger (1957),

> consiste en la ejecución de una acción carente totalmente de sentido; el sentido de la acción es del todo extraña al acto en sí y se reduce a evitar la angustia que desencadena, si no se lleva a cabo la acción.

Como cualquier rito, también los rituales obsesivos nacieron en un contexto en el que tenían un sentido o cumplían una función, pero con el tiempo se han vuelto autónomos, han escapado al control de la conciencia, han dejado de ser actos intencionales para convertirse en automáticos. Tal como dice el DSM:

> La conducta no es un fin en sí mismo, sino que está diseñada para producir o evitar algún acontecimiento o situación futura. Sin embargo, o bien la actividad no se halla conectada de forma realista con lo que pretende impedir o provocar, o puede ser claramente excesiva.

Ahora bien, ¿por qué y cómo ha sucedido esta inversión intencional, de modo que pensamiento y acción escapan al control de la voluntad, produciendo en el sujeto esta sensación de extrañeza y absurdo? Es una cuestión a la que hay que buscar igualmente una respuesta coherente y satisfactoria.

La mayoría de autores están de acuerdo con la tesis psicoanalítica de que los rituales obsesivos están dirigidos a controlar la ansiedad que provocan los impulsos agresivos y sexuales. Vittorio Guidano (2013), por ejemplo, subraya que las áreas emocionales críticas de los obsesivos son la agresividad y la sexualidad. A este respecto escribe:

> Los rituales de control, por ejemplo, apagar y encender el gas varias veces u ordenar los objetos reiteradamente, tienen mayor relación con el problema de la agresividad. En cambio, todos los temas de contaminación como la suciedad, la limpieza, lavarse las manos, cambiarse la ropa, están más conectados con el sector de la intimidad/sexualidad.

Valeria Ugazio (1998) sitúa el contexto de la obsesión en la polaridad bueno-malo, típica de las familias donde estos extremos son centrales para la construcción del significado.

> Las emociones que están en la base de esta dimensión semántica crítica son culpa-inocencia, asco-goce de los sentidos. Dado que la sexualidad y la afirmación personal van unidas a violencia y abuso, su expresión genera sentimiento de culpa y asco, mientras que la renuncia pulsional, la abnegación, se asocia con pureza e inocencia. Las instancias vitales —sexualidad y agresividad— son el lugar donde se despliega el mal, mientras que el sacrificio, la renuncia y la ascesis se identifican con el bien. La cultura de muchas de las familias en las que se desarrollan organizaciones obsesivo-compulsivas está impregnada de valores religiosos. En otras prevalece la adhesión a principios universalistas como el socialismo o el comunismo, u otras ideologías y movimientos que contemplan igualmente el sacrificio de las necesidades individuales a favor de instancias comunes o ideales. En cambio, no son siempre los impulsos sexuales los que deben ser transcendidos. A veces se asocian al mal el dinero, el deseo de sobresalir, de afirmar la propia personalidad, la voluntad de explotación económica o moral de los demás.

Estas y otras explicaciones del sentido de los mecanismos de control, se centran, sin embargo, excesivamente en dinamismos concretos, como la agresividad o la sexualidad (Guidano) o en categorías más genéricas «bueno-malo», de las que sexualidad o agresividad son solo especificaciones posibles (Ugazio), cuando se trata, a nuestro juicio, de categorías mucho más nucleares. Lo que el paciente obsesivo trata de evitar a toda costa a través de los mecanismos de control, tal como hemos puesto de relieve en el gráfico 1, son dos fracasos esenciales: el error (mental) y la culpa (moral). La prevención del error es característica de los obsesivos puros; la evitación de la culpa, lo es de los obsesivos compulsivos. A veces, ambas modalidades se presentan claramente diferenciadas, otras aparecen mezcladas con mayor o menor protagonismo según el peso que el error o la culpa ocupen en el sistema de validación del sujeto. La invalidación de cualquiera de ellos sumiría al paciente obsesivo en una profunda depresión. Los mecanismos de control compulsivo —con su carácter anancástico, de imperiosa necesidad— lo protegen de un posible fracaso nuclear.

El sentido de las rumiaciones

Este tipo de explicación resulta particularmente pertinente para explicar los mecanismos de control de la culpa, tales como los de comprobación y los rituales. ¿Pero cómo explicar las rumiaciones con relación al peso que pueda tener en el sistema de validación del sujeto la afloración del error?

Salta a la vista que la finalidad de la *duda* es prevenir la comisión de cualquier error. Mientras el obsesivo se mantiene en ella, evita comprometerse con una posible opción equivocada. ¿Pero por qué el error puede llegar a tener un peso equivalente a la culpa? ¿Acaso el obsesivo se cree un ser sobrehumano que no puede cometer ningún error? La respuesta es negativa. La mayoría de obsesivos admite explícitamente la posibilidad de equivocarse. El problema no está en equivocarse, sino en fallar en el conocimiento de la verdad. También en este caso hay una atribución de responsabilidad ineludible y una percepción de posibilidad de control.

Su concepción respecto a la verdad no guarda relación con la mentira, sino con el engaño. El obsesivo puede mentir, disimular, ocultar la verdad a los otros, como cualquier persona, pero no puede tolerar caer en engaño. La diferencia entre mentir y engañar se puede colegir fácilmente del uso diferencial que hace el lenguaje de ambos verbos. Así, la expresión: «las apariencias engañan» se refiere a un error inducido involuntariamente por determinados estímulos sobre nuestros sentidos (ilusiones ópticas) o capacidades cognoscitivas (juicios erróneos). La mentira, por el contrario, supone una voluntad externa y explícita de ocultación o tergiversación de la verdad (el responsable del error no es uno mismo, sino un tercero). Por este motivo, no decimos que «las apariencias mienten».

El obsesivo lleva peor la ambigüedad que la mentira, puesto que en la primera es él quien debe decidir cuál es la alternativa verdadera, mientras que en la segunda la responsabilidad es ajena. El engaño, en el sentido que lo distingue de la mentira y no en aquel que puede usarse como su sinónimo, se caracteriza por la suposición de un fallo cognoscitivo que debería haberse evitado. En este contexto, llegar a una conclusión errónea, tomar una decisión o hacer una elección equivocada, implica un fallo cognoscitivo del que uno es responsable por no haber estado suficientemente atento o no haber sabido distinguir adecuadamente o a su debido tiempo (o no ser suficientemente listo o inteligente).

El fallo lleva a la conciencia de no poder fiarse del propio juicio, tanto si es moral como cognoscitivo, es decir, de no poder responder por sí mismo. Se trata de un fallo epistemológico que pondría en tela de juicio la capacidad mental del sujeto, no tanto en su aspecto funcional (temor a la locura o la demencia, que en momentos de crisis también aparece), sino en su aspecto criteriológico, como referente dotado de validez del que poder fiarse.

La experiencia de la invalidez criteriológica constituye una amenaza mucho mayor: la de la falta de valor ontológico, característica de la depresión. Protegiéndose compulsivamente de la posibilidad de la culpa y del error, el obsesivo pretende mantener intacta la ilusión de la consistencia de sus capacidades. A fin de evitar cualquier fallo, se acoge a criterios exteriores que considera más fiables que los suyos. Con esta misma lógica se aferra a todo cuanto puede ofrecer alguna garantía de solidez por sus características de estabilidad ontológica, la cual se encuentra solo en el mundo ideal o platónico, en el mundo de las utopías absolutas: verdad, pureza, justicia, perfección, orden, integridad, divinidad.

Esta búsqueda de valores absolutos a través de pruebas de evidencia y la sumisión a los criterios de autoridad sustituyen el proceso de adquisición de conocimiento a través de la propia experiencia. El conocimiento humano es, por su naturaleza, incompleto y provisional, pero eso no lleva al cuestionamiento de la validez del propio criterio: se trata de una limitación aceptada e incluso valorada positivamente, como fuente de aprendizaje y estímulo incesante de interés hacia el aumento del conocimiento.

El proceso de sustitución de la propia experiencia, como método de aprendizaje a partir de los fallos y errores, por criterios exteriores o verdades absolutas, constituye una auténtica alienación psicológica; implica la anulación de cualquier tipo de espontaneidad. Todo debe ser pensado una y mil veces, nunca resuelto, a la vez que hipercontrolado. A este tipo de alienación nos referimos al calificar la obsesión de «constricción de la espontaneidad».

En este mecanismo de inhibición de la espontaneidad tiene un protagonismo particular el procesamiento mental. Las ideas o pensamientos se neutralizan con otros pensamientos. Para ello, el obsesivo usa el pensamiento, hasta tal punto que el verbo «pensar» suele sustituir o ser sinónimo del verbo «sentir». La mente obsesiva genera una especie de neoestructura, la rumiación, que actúa de forma autónoma y tiene por objetivo someter a examen a cada uno de los pensamientos a fin de evaluar si están bien pensados. Y la consecuencia es la inhibición de la espontaneidad.

En los casos más graves esta neoestructura actúa como un inspector sistemático de los mismos procesos del pensamiento. Situada en una especie de panóptico centralizado, esta neoestructura de carácter formal —que no metacognitivo, puesto que atiende a la forma en lugar del significado, de la intención o de la motivación— cuestiona cada uno de los procesos mentales poniendo en tela de juicio su validez: cómo puede saber si lo que piensa está bien pensado, inferido o comprobado. Para dar respuesta a estos requerimientos inquisitoriales el sujeto busca desesperadamente respuestas fuera de su propia experiencia, de la que no se fía como garante de conocimiento, en sistemas criteriológicos externos, sancionados por figuras de autoridad o bien en *certezas* absolutas, basadas en razones indiscutibles, de naturaleza ideal o apodíctica.

El sistema epistemológico obsesivo, asediado por el temor a la culpa y por la duda, no puede decidir por sí mismo si su pensamiento es correcto o incorrecto, si su decisión es acertada o desacertada. Tal como hemos señalado a propósito de la etimología de la palabra obsesión (*ob-sedire*, sitiar), la mente del obsesivo se encuentra asediada en todas o, al menos, algunas áreas significativas de su vida por el miedo a la culpa y el error, tratando de defenderse con una muralla de conductas y rituales compulsivos que terminan por asediarlo igualmente. La razón de este comportamiento se encuentra en la desconfianza que engendra la duda y la culpabilidad, y que es alimentada, a su vez, por ellas. El sujeto desconfía porque no puede *responder* de sí mismo ni de sus juicios e intenciones. Puede llegar a sentir esta «*ir*-responsabilidad» (incapacidad de poder responder) como una especie de irresponsabilidad ontológica, sentimiento que su conciencia no puede admitir, porque sería vivido como la negación de cualquier valor personal.

¿Pero de dónde surge la desconfianza? Para poder dar respuesta a esta pregunta se hace necesario examinar con detalle tanto la estructura como la génesis del trastorno obsesivo, tarea a la que dedicaremos los próximos capítulos.

6. La cara oculta de la obsesión

El análisis que hemos llevado a cabo hasta aquí ha puesto de relieve cómo el sistema obsesivo ha llegado a ser experto en el manejo de los niveles preoperatorio (mágico), operatorio (rituales de prevención y comprobación) y formal o abstracto (rumiaciones), como estrategias para regular o contrarrestar la duda, la culpa y la desconfianza. Sin embargo, hemos puesto también de manifiesto el fracaso al que inexorablemente se ve abocado. Carece, en efecto, de dos recursos fundamentales para un buen funcionamiento: la base sensorio/emocional (nivel preoperacional) y la capacidad autorreflexiva (nivel metacognitivo). De este modo, el sistema epistemológico resultante anda siempre buscando su fundamento fuera y no consigue nunca explicarse lo que le sucede, de forma que se ve condenado, como Sísifo, a subir una y otra vez la misma cuesta, acarreando siempre la misma piedra, reiterando incesantemente los mismos procesos.

En escritos anteriores (Villegas, 1993, 2011) describimos la evolución psicológica «como una serie sucesiva de construcciones epistemológicas —sistemas de reglas y recursos cognitivos, afectivos y operativos— con las que se construye y maneja la realidad, y los pasos de unos sistemas a otros como crisis y reestructuración de estos a fin de ajustarlos a la complejidad creciente de sus interacciones con el mundo». Vimos también que la patología se producía cuando el sistema se volvía disfuncional, es decir, cuando se mostraba incapaz de resolver los problemas o las crisis a las que debía enfrentarse.

El sistema epistemológico del obsesivo se halla permanentemente en crisis y, a pesar de sus esfuerzos en dar respuesta a sus aporías, cae víctima de su propia lógica. Por mucho que las convicciones o temores obsesivos puedan parecer irracionales a quienes los observan e, incluso, a quienes los sustentan, el pensamiento obsesivo está dotado de una gran habilidad lógica. No puede ser racionalmente rebatido; sí razonable, pero no racionalmente. Esto lleva al sistema a insistir en sus procedimientos lógicos irresolubles o a refugiarse en el pensamiento o la acción mágicos. El resultado es la sensación de pérdida de control. Ya no soy yo quien piensa o decide, sino que son los pensamientos quienes piensan y los impulsos quienes deciden por mí.

Interesa preguntarse por la razón de este fracaso. Esta no es otra que la extrañeza del sujeto respecto de sus propios pensamientos, deseos y acciones. Es decir, el sujeto vive sus impulsos e ideas como intrusivos, no causados por él. Dicho de otro modo, no se siente agente de su propia vida mental. Ahora bien, ¿cómo se ha podido llegar a originar esta fractura en el interior del sujeto, esta enajenación respecto a la propia voluntad?

La construcción emocional

Antonio Damasio (1994) ha demostrado, a partir del estudio con pacientes traumatizados neurológicos, que determinadas lesiones en el lóbulo frontal supraorbital impiden a las personas tomar cualquier tipo de decisión. Tales sujetos son capaces de dilucidar cuál es la operación correcta en una situación determinada y poner para ello en marcha el dispositivo mental, referido a todos los conocimientos técnicos de los que disponen y desarrollar las deducciones lógicas adecuadas para resolver un problema; sin embargo, son incapaces de tomar cualquier decisión por intrascendente que sea, como, por ejemplo, la de mover una ficha del ajedrez o la de echar una carta de la baraja. Pueden llegar también a adoptar tranquilamente las alternativas de mayor riesgo, porque las viven como ajenas a sí mismos. Falta el contacto emocional —la famosa inteligencia emocional (Goleman, 1995; Ledoux, 1996; Barret, 2018; Villegas, 2020)— que permite decidir sobre la base del deseo, la apuesta o la intuición, aun a riesgo de errar.

Uno de los pacientes de Damasio, Elliot, que presentaba una afección cerebral en los lóbulos frontales a causa de una intervención quirúrgica de extirpación de un tumor cerebral, fue sometido a pruebas de laboratorio en las que se le proponían problemas de naturaleza práctica y social. El paciente demostró una gran agilidad mental e imaginación para plantear diversas opciones, todas bien fundamentadas y practicables, superando en la mayoría de ellas las respuestas de tipo medio de la población control. Sin embargo, al término de una de las pruebas, dijo con una media sonrisa: «con todo, yo no sabría todavía qué hacer». Estaba claro que el problema no se presentaba en el nivel de las operaciones mentales de razonamiento o deducción, sino de decisión.

Esta misma constatación la extiende invariablemente Damasio a otra docena de pacientes con lesiones prefrontales, en quienes sistemáticamente se hallaba presente la dificultad para decidir, relacionada con la atonía emocional y sentimental. Para la explicación neurológica detallada de estos fenómenos y de las conexiones entre regiones corticales y núcleos subcorticales que las sustentan, remitimos al lector a la obra de Damasio (1994).

Los marcadores somáticos

Damasio explica la razón de esta insensibilidad emocional por la incapacidad del cerebro de captar las señales enviadas por los «marcadores somáticos». Con este término se refiere al conjunto de sensaciones viscerales y no viscerales que actúan de indicadores emocionales de connotaciones positivas o negativas, fruto, la mayor parte de las veces, de un proceso de aprendizaje, sobre la base de un sistema de preferencias innato, orientado intrínsecamente a evitar el dolor y buscar el placer. De este modo, los «marcadores somáticos» contribuyen a hacer más rápido, eficiente y preciso el proceso de decisión, facilitando el desbloqueo de la balanza, donde se consideran las diversas opciones, a favor de aquellas que «visceralmente» suponen una mayor ganancia que pérdida, o bien evitan la posibilidad de un mayor riesgo ante la posibilidad de una ganancia incierta.

La hipótesis que planteamos en este texto no pretende explicar la estructura del sistema epistemológico obsesivo en base a un déficit de conexiones cerebrales entre marcadores somáticos y áreas prefrontales de la región supraorbital derecha, sino establecer más bien un paralelismo en el modo de funcionamiento, en tanto que la «mutilación» de las vías aferentes del sistema límbico hacia las áreas prefrontales se debe considerar de tipo educacional o evolutiva más que neurofisiológica, aun sin excluir posibles afecciones subsidiarias de este tipo. Como reconocía un paciente obsesivo:

> *En mi educación familiar todas las expresiones emocionales fueron eliminadas sistemáticamente, sufrí una mutilación emocional; las emociones eran consideradas erróneas e inútiles por naturaleza*

O, en boca de otro paciente: «eso de las emociones son pequeñeces».

Una característica frecuente entre los obsesivos es que los marcadores somáticos de tipo placentero se ven sistemáticamente boicoteados por pensamientos intrusivos de tipo obsesivo, como le sucedía a Mireia, la paciente de los auriculares, a la que nos hemos referido en el capítulo anterior. Otro paciente obsesivo cuenta que en los momentos de relajación aparecen espontáneamente pensamientos obsesivos sobre homosexualidad, blasfemias etc. En una ocasión, por ejemplo, al acercarse a la Iglesia de Santa María del Mar, que anticipa como un remanso de paz, le acuden a la mente pensamientos blasfemos relativos a la Virgen María. En otra ocasión, estando cómodamente sentado frente a la televisión, en el momento en que se está haciendo consciente de ese instante de felicidad vuelven a su mente dudas sobre su orientación sexual. Al acostarse en la cama y sentir la sensación de relajamiento y confort empiezan a venir dudas sobre si ha cerrado o no las puertas de la casa. Es como si el mensaje dominante fuera «no seas feliz»; o aquel otro que reza: «no te rías, que es peor».

El dinamismo psicológico subyacente a este fenómeno parece hacer referencia a un mecanismo por el cual la experiencia del placer se vive como una amenaza de descontrol pulsional. Este descontrol se inhibe gracias a las preocupaciones o los pensamientos obsesivos.

Con esto se evita la experiencia del placer. ¿Pero qué tiene de malo la experiencia del placer?

El placer, como el dolor, son dos intensos marcadores somáticos que sirven de reguladores o criterios internos de gran potencia. Pero el obsesivo tiene vetados el acceso libre tanto al uno como al otro. La modulación de las sensaciones, emociones y sentimientos es el resultado de un aprendizaje espontáneo por el que se experimentan las diversas tonalidades de placer y de dolor que se generan, dando origen a un balance interno del propio organismo. Las primeras experiencias con el tabaco, por ejemplo, producen generalmente sensaciones contrastadas entre las molestias del humo en la garganta, efectos estimulantes o relajantes sobre el sistema nervioso central, refuerzos positivos o aversivos del entorno social. El resultado de este balance será el rechazo de esta sustancia o la adicción a ella.

De un modo parecido se configura todo un sistema de elecciones o preferencias de nuestro organismo, tanto respecto a los alimentos como a las actividades físicas, a los estímulos sensoriales, a los contextos o entornos de preferencia, etc. Sensaciones como la relajación o la reducción de ansiedad pueden asociarse al tipo de marcadores somáticos, activados por el consumo de determinadas sustancias —por ejemplo, el tabaco o el alcohol— o de la comida, que puede llegar a ser devorada compulsivamente, como en la bulimia.

Los marcadores somáticos internos son fiables, generalmente, como reguladores del comportamiento y de la experiencia sensorial y emocional. Pero evidentemente pueden integrarse como tales en la experiencia o disociarse de ella, a través de las vicisitudes de las contingencias de refuerzo tanto internas como externas y del significado que se les otorgue, perdiendo su *espontaneidad*. Las experiencias prohibidas o inhibidas pueden llegar incluso a impedir la formación de tales sistemas reguladores internos con evidente riesgo para la seguridad del propio organismo.

De forma paralela a la constitución de un patrón de control y equilibrio motórico y sensorial, la constitución de un sistema criteriológico emocional se configura a través de un proceso de «educación», en el sentido evolutivo del término, por el que el niño tiene la oportunidad de experimentar los diversos registros emocionales, aprendiendo a integrarlos y modularlos en virtud de sus efectos internos y externos.

La prohibición de experimentar los propios estados emocionales, así como la inhibición de su expresión o la anulación de su eficacia a través de la indiferencia o el rechazo, pueden llevar a su extinción como patrón de referencia interna sobre el que basar las propias acciones y decisiones. En consecuencia, el sistema motivacional tiende a sustituir los criterios internos espontáneos de acción por normas externas de carácter ideal o moral.

En efecto, observaciones de la mayoría de estudiosos del trastorno obsesivo tienden a señalar la formación del síntoma en un contexto familiar de falta de empatía, de inexpresividad emocional, de hiperracionalidad o de rigorismo moral. El padre de uno de nuestros pacientes, por ejemplo, no podía soportar oír el llanto de un niño, por lo que sus hijos tuvieron que habituarse desde muy pequeños a inhibirlo al máximo en un ambiente de silencio casi monacal. Otro paciente cuenta que de pequeño sus manifestaciones de emocionalidad espontánea eran interpretadas como conductas inmaduras e indignas, siendo alejado por ello de la vista del padre hasta que no se «comportara», debiendo pedir perdón por ello.

Autores como Valeria Ugazio (1998) han postulado, además, ampliando si cabe a otros miembros de la familia extensa, la existencia de polaridades extremas representadas por miembros situados en el polo del rigorismo frente a otros situados en el de la laxitud moral. Estas polaridades están presentes siempre en el discurso familiar a través de la posición semántica que se otorga sistemáticamente a cada uno de ellos en función de la proximidad o la lejanía a cada uno de los extremos. Según esta autora, el obsesivo se sitúa en una posición intermedia, usando el polo de la rigidez moral como contrapeso a las tendencias vitales o pulsionales del de la laxitud. Esta posición intermedia sería la responsable, en última instancia, de la oscilación característica del obsesivo.

Sea como sea, el resultado es que el obsesivo siente que no puede fiarse de su repertorio de emociones como criterio de acción y que, en consecuencia, tiende a sustituirlo por criterios externos de carácter abstracto y absoluto. Como decía un paciente:

Es como si tuviera que haber un mundo ideal platónico, objetivo, donde se pudiera dar respuesta a todas las preguntas y regular las normas de acción.

Estas son particularmente severas y rígidas en el ámbito del juicio moral: el obsesivo siente que, si no se regulara por ellas, sus impulsos lo llevarían irremisiblemente a la aberración moral. Así es como interpreta la aparición espontánea de imágenes obscenas, la emergencia de pensamientos blasfemos, la formación de fantasías de agresiones sádicas, las dudas sobre su orientación sexual. De ahí que todo su esfuerzo esté más dirigido a evitar el mal que a hacer el bien. Su preocupación es protegerse de cualquier sombra de culpabilidad, sentimiento que antepone al amor o la empatía, afectos que le resultan de difícil acceso.

Estos marcadores somáticos son aliados inestimables del proceso de razonamiento y decisión, contribuyendo a la «razonabilidad» de las decisiones. Es evidente, no obstante, que en determinadas situaciones entorpecen el razonamiento correcto, llevando a conclusiones desastrosas como, por ejemplo, los impulsos de quien viéndose rodeado por el fuego en la habitación de un hotel, se tira por la ventana en lugar de seguir las normas más racionales aconsejadas para estos momentos como bloquear puertas y rendijas con toallas húmedas y hacerse visible con gestos y gritos asomándose al exterior.

La irracionalidad de las reacciones viscerales es uno de los motivos por los que los obsesivos desconfían de sus emociones. A diferencia de los lesionados cerebrales, ellos sí perciben los marcadores somáticos, de ahí la fuerte reactividad ansiosa. No presentan seccionadas las vías aferentes y eferentes entre las áreas frontales y el cerebro medio o el tronco cerebral —aunque la psicofarmacología los trate como si las tuvieran— sino que han aprendido a poner en duda la rectitud y adecuación de sus reacciones emocionales, transfiriendo al pensamiento todo el peso de la decisión y perdiéndose en una maraña de ideas. Tienen miedo al descontrol emocional o, como decía uno de ellos, a «embalarse»; o bien consideran las emociones «poca cosa», «malas consejeras», o «nada fiables».

De este modo, los obsesivos sintonizan sus marcadores somáticos con todas aquellas situaciones que pueden introducir la duda, la incertidumbre o la ambigüedad, desencadenando fuertes reacciones de angustia, que intentan regular a través de la prevención por medio de la adhesión a sistemas de valores extremadamente rígidos y estables, o bien a través del control por medio de las rumiaciones o los ritos.

A diferencia, también, de los lesionados cerebrales, esta terrible falta de decisión no afecta a los obsesivos en todos los ámbitos de la vida, ni se presenta en todos los contextos. Afecta a aquellos en los que está en juego algo trascendental para ellos. En tal caso sus decisiones deben ser sopesadas una y mil veces y, aun después de haber tomado una de ellas, vuelven incansablemente a la mente las alternativas posibles que fueron contempladas pero no escogidas. O, lo que es peor, que ni siquiera fueron consideradas, *pudiéndolo* haber sido, acompañadas, las más de las veces, de sentimientos de culpabilidad y de duda. Una paciente de 35 años explica que cuando se encuentra en el trabajo, donde desarrolla una labor directiva, las obsesiones y los rituales compulsivos desaparecen; cuando, en cambio, regresa a casa o se ocupa de los suyos, estas vuelven a instaurarse automáticamente.

No existe, sin embargo, *a priori* una razón para poner coto a los ámbitos que pueden ser importantes para una persona. Es posible que para nuestra paciente los ámbitos donde está en juego su competencia personal, como la familia y la casa, constituyan contextos problemáticos. Puede suceder, por el contrario, que aquellos donde está en juego su actividad profesional no lo sean. La razón podría ser que la responsabilidad se halle desigualmente repartida o que no dude de su competencia profesional, pero sí, en cambio, de la personal. En el ámbito familiar, como madre o como esposa, el rendimiento es personal e intransferible; en el ámbito del trabajo las responsabilidades pueden ser compartidas o no alcanzar el mismo grado de trascendencia y, sobre todo, no afectar a sí misma o a los suyos las posibles consecuencias negativas de una acción equivocada o una omisión o el descuido de llevar a cabo los rituales mágicos de protección. Como decía una paciente, madre de dos hijos:

> *No podría soportar, ni siquiera asimilar, que a un hijo mío le sucediera algo por haber tomado una decisión equivocada, por ejemplo, haber dado mi consentimiento para ir de excursión, si tenía que producirse un accidente. Me sentiría inmensamente culpable y viviría con este sentimiento el resto de mis días.*

El resultado de este planteamiento, naturalmente, es producir niños evitativos, reproduciendo y transmitiendo los patrones ansioso-obsesivos con que se quiere evitar la culpabilidad. En consecuencia, lo que es importante es aquello que pone en juego el sentimiento de culpabilidad. Por esta misma razón, así como para algunos obsesivos los ámbitos están delimitados, para otros la duda y la indecisión pueden extenderse a todos los contextos imaginables, terminando por generalizarse.

Esta dificultad de llegar a una conclusión en el proceso de tomar decisiones se pone de manifiesto en los comentarios de Román, paciente de 23 años, en la sesión de grupo:

> *Es una lucha entre lo que tengo que hacer y lo que quiero hacer. Sé que no tomo decisiones. Cuando voy de vacaciones me pasa lo mismo, estoy sin preocupaciones, pero soy como un «teleñeco», pues no tomo decisiones. Me pasa con mis padres y me pasa con los amigos. Mis padres, que quieren que haga inglés, y yo, que no quiero presionarme. Veo que tienen razón, pero eso de hacer lo que ellos me dicen me da rabia, es como si parte de mi vida la tuviese alquilada. Con mis amigos también noto presión porque si uno quiere ir a una discoteca y el otro a otra, yo digo que a mí me da igual. A lo mejor me gusta más una que otra, pero no quiero ponerme de parte de nadie, entonces me dejo influir, llevar, manipular. Me siento un «teleñeco» y lo que hago es evitar salir con ellos y quedarme en casa, pero me pongo de mala leche también si no salgo. Me asusta la responsabilidad, aun, ¿no? Entonces aún dejo las riendas a los demás... Eso de hacer lo que ellos dicen es como si parte de mi vida la alquilase. Cuando vivo realquilado hay menos conflicto, pero me siento enajenado, lejos de mí.*

La manifiesta imposibilidad del obsesivo de servirse del acervo emocional para tomar sus decisiones, delegando esta función exclusivamente en el razonamiento especulativo, indica muy a las claras la desconexión entre los diversos subsistemas del sistema epistemológico por el que se regula. La razón de esta desconexión hay que buscarla, como ya se ha dicho, en la desconfianza del obsesivo hacia sus emociones. Como dice Guidano (2013): «el problema básico de los obsesivos radica en su ambivalencia emocional, que intentan reducir cognitivamente».

Esta característica le diferencia de un sistema abierto en el que todos los niveles de construcción cognitiva se hallan integrados. El razonamiento lógico, en efecto, es un instrumento de análisis al servicio del conjunto del sistema epistemológico, construido sobre una fuerte base emocional-motivante, reconocida como garantía de coherencia interna. Esta base emocional se traduce en auténtica pasión o interés, a cuyo servicio se ponen los recursos imaginativos o creativos del sujeto, así como la voluntad de exploración o experimentación, la agudeza analítica o racional en la evaluación de las diversas opciones de acción que desembocan en la toma de una decisión firme, siempre reversible, pero congruente con el estado actual del sistema.

A diferencia de la actuación ansiosa del obsesivo, en la que se contemplan todas las alternativas sin llegar a una conclusión, la posición sana establece una jerarquía entre opciones, aun a riesgo de autoengañarse, en base a elecciones y preferencias preestablecidas en el acervo genético y experiencial del sujeto, que constituyen el fundamento de los mecanismos automáticos de decisión, producto de una operación comprensivo-sintética, que llamamos en su conjunto «intuición». Esta permite llegar a la conclusión sin la mediación de complejos procesos inútiles de decisiones intermedias. La intuición suprime automáticamente la consideración de alternativas estériles o irrelevantes; toma como criterio lo que es coherente con las propias preferencias.

La intuición es la forma de *espontaneidad* de la conciencia y su mecanismo no obedece a razones esotéricas o a un influjo de inspiración divina, sino al mantenimiento de una coherencia interna. Esta coherencia es fruto del desarrollo continuado de la propia proyección en la existencia y cuanto se piensa, quiere, desea o decide está en concordancia con ella. Sin embargo, esta espontaneidad es la que se halla constreñida en el obsesivo. En realidad su voluntad es negativa, ha perdido el contacto con los reguladores internos del deseo y el placer. No está organizada en función de un deseo positivo, de una proyección activa en la existencia, sino de una actitud evitativa.

El proyecto existencial del obsesivo es negativo: «no mancharse, no contaminarse, no equivocarse, no pecar, no fallar, etc.». Sin embargo, aunque es imposible evitar cualquiera de estos defectos ya sea de pensamiento, palabra, obra u omisión, toda la atención del obsesivo va dirigida a prever las situaciones, llevando al extremo la conciencia de responsabilidad. El gran pecado del obsesivo es el pecado de omisión: todo aquello que no ha hecho y hubiera debido y, tal vez, podido hacer o evitar que sucediera. En este contexto adquieren sentido los rituales, entendidos como impulsos dirigidos a evitar o a expiar la omisión. Por ello, la mejor prevención del obsesivo es eludir las responsabilidades y todo su inmenso trabajo de comprobaciones va dirigido a controlar si ha asumido alguna de las que, tal vez, no se haya hecho consciente.

Un fenómeno puesto de relieve por varios autores (Rachman, 1993, 1997; Rachman y Hogdson, 1980; Rachman *et al.,* 1995; Mancini, 2000) es el hecho que, como ya venimos observando a lo largo de este texto, con frecuencia los rituales obsesivos disminuyen o desaparecen cuando la persona se encuentra en contextos en los que no se siente responsable. Por ejemplo, Elisa, la madre de familia, obsesiva de la limpieza (capítulos 3 y 5), pasó quince días totalmente asintomática y relajada con su familia en un hotel por la simple razón «de no ser la responsable de evitar la posible contaminación». Según sus palabras textuales. «Si no era responsable, tampoco podía ser culpable».

La construcción (meta)cognitiva

Acabamos de considerar, en el apartado anterior, los déficits de construcción emocional, característicos del sistema epistemológico obsesivo. Los estudios de Damasio, entre otros (Oatlety, Johnson-Laird, 1987; Frijda, 1986; Damasio, 1994), han subrayado el papel de las emociones como *primer motor decisional* y han puesto de manifiesto cómo una persona desconectada de sus emociones o que no utiliza la información emocional puede ser capaz de realizar sofisticadas operaciones mentales, a la vez que ser del todo incapaz de tomar una decisión, hasta la más elemental, respecto de su propia vida relacional y afectiva. En el ámbito de la investigación sobre el desarrollo de la teoría de la mente, algunos autores han puesto de relieve que esta incluye elementos de naturaleza epistémica (estados mentales tales como emociones, deseos, intenciones, etc.), situando en una misma línea evolutiva la dimensión cognitiva y la emocional.

También hemos podido considerar las estrategias o mecanismos de control con los que el obsesivo intenta hacer frente a las consecuencias de tales déficits, utilizando recursos tanto del pensamiento mágico (rituales) como del operatorio (comprobaciones). Observamos, igualmente, la incapacidad del sistema de contemplar de forma descentrada su propio proceder, dando vueltas de forma rumiativa a sus ideas, recuerdos y pensamientos. Es decir, la dificultad del sistema de pensar de forma crítica sobre su propio funcionamiento. Esta capacidad corresponde a la función metacognitiva, de gran trascendencia tanto para la comprensión de la psicopatología como para el desarrollo del proceso psicoterapéutico.

La primera definición global de metacognición fue propuesta por Flavell para referirse a la «cognición de la cognición» (Flavell, 1976, 1987; Flavell *et al.*, 1993), definiéndola como «todo aquel conocimiento o actividad cognitiva que toma como objeto, o norma, cualquier aspecto de cualquier actividad cognitiva».

Con posterioridad, Carcione y Falcone (1999) la definen específicamente como

> la capacidad del individuo de realizar operaciones cognitivas heurísticas sobre las conductas psicológicas propias y ajenas, así como la capacidad de utilizar dichos conocimientos con fines estratégicos para solucionar problemas y gestionar determinados estados mentales que son fuente de sufrimiento subjetivo.

En esta definición, consideran los autores tanto la capacidad de comprender los propios estados mentales como la de realizar inferencias sobre estados mentales ajenos, así como la de reflexionar globalmente sobre procesos mentales. La función fundamental de la metacognición es la de conectar adecuadamente entre sí las cogniciones, las emociones y los comportamientos, en el interior de un contexto interpersonal significativo. Se refiere tanto a los contenidos como a los procesos metacognitivos de control en estrecha relación entre sí. Por *procesos de control* se entiende «el conjunto de operaciones que supervisan la realización de una estrategia determinada y, en consecuencia, la ejecución de la tarea»; por *estrategia* «el recorrido que sigue un sujeto para hacer frente a una tarea cognitiva» (Cornoldi, 1995). Entre otras funciones metacognitivas, especialmente afectadas en el caso de las obsesiones, podemos considerar también la *autorreflexividad* y el *dominio*.

La autorreflexividad se refiere a la capacidad de representar acontecimientos mentales y de realizar operaciones cognitivas heurísticas sobre el propio funcionamiento mental. Requiere la capacidad del individuo de percibirse a sí mismo poseedor de una vida mental autónoma y separada de la de los demás, y la de tener acceso a informaciones pertinentes sobre los propios estados mentales. Una muestra típica de déficit metacognitivo la constituye la duda sobre la intencionalidad y la autoría de las propias acciones o pensamientos, de donde viene la intrusividad del pensamiento: «no sé si he cerrado la puerta», «no sé si he tenido malos pensamientos, ni si he consentido o me he recreado en ellos».

La función metacognitiva implica, finalmente, reconocer el poder limitado que poseen las propias expectativas, los deseos y los pensamientos respecto de la posibilidad de influir en la realidad exterior. Una modalidad característica de un desarrollo anómalo de esta función es el «pensamiento mágico». Un paciente con trastorno obsesivo-compulsivo explica:

> *Si por la mañana, cuando voy al trabajo, no abro con la mano derecha, estoy convencido de que todo ese día me irá mal. Y siempre es así.*

Por dominio entendemos la capacidad del individuo de representar ámbitos psicológicos en términos de problemas por resolver y de elaboración de estrategias adecuadas para la realización de una tarea (congruencia entre medios-fines y costes-beneficios) en niveles crecientes de complejidad. Posteriormente, el sujeto debe ser capaz de elaborar estrategias para enfrentar los propios estados problemáticos o resolver un problema. Estas pueden poner en juego habilidades metacognitivas complejas, como estrategias de evitación (evitar tocar animales u objetos contaminantes), de regulación (autoinstrucciones) o de modificación del pensamiento («no hay mal que por bien no venga»).

Pero para que exista un dominio es esencial que se haya desarrollado plenamente el concepto de sí mismo, como ser intencional. La ausencia de intencionalidad en la experiencia obsesiva es la que hace que las ideas tengan en ella un carácter intrusivo y los ritos compulsivos un carácter anancástico. La conciencia *metacognitiva,* dice Liotti (1994), nos hace libres y «aumenta la capacidad individual de resolver problemas por medio de un acceso más rápido y general a todo el conocimiento que el individuo ha acumulado en el curso de su vida». Somos libres «metacognitivamente» porque podemos pensar nuestros pensamientos en lugar de ser «pensados» por estos, como sucede en los trastornos graves con déficit metacognitivo.

La constatación de estos déficits metacognitivos en la obsesión no se debe atribuir, sin embargo, a una insuficiencia intelectual, sino al potente efecto perturbador precisamente de una emoción: el miedo. Un miedo de naturaleza moral, relacionado con la culpa no solo por comisión, sino también por omisión; no solo por hacer las cosas mal, sino por no hacerlas bien, lo que quiere decir perfectas.

La construcción moral

La formación de una conciencia hiperresponsable, susceptible de un alto grado de culpabilidad, es una característica no solo del obsesivo, sino de muchas morales religiosas o ideológicas. Una anécdota budista, explicada en primera persona por un viajero holandés (Van de Wetering, 1975), que pasó varios meses en un monasterio japonés, nos da cuenta de cómo el maestro zen le reprendió severamente por considerarlo culpable de la muerte ocasional de un joven, ocurrida en lugar lejano, por haber dado un giro con la moto sin avisar previamente con la mano. El maestro, que lo vio, le advirtió enérgicamente:

> El otro día te vi dar la vuelta a una esquina y no extendiste la mano para indicar la maniobra que ibas a hacer con el vehículo. Debido a tu descuido, un camionero que iba detrás de ti se vio obligado a dar un giro brusco al volante, subiéndose el camión a la acera, donde una mujer que llevaba un cochecito de bebé, al querer esquivar al camión, le dio un golpe al director de una gran empresa comercial. El hombre, que ese día estaba de mal humor, despidió a un empleado que podía haber salvado su puesto. Ese empleado se marchó muy deprimido a su pueblo, donde días más tarde, borracho perdido, mató en una pelea a un joven que podría haber llegado a ser maestro zen, y posteriormente se suicidó.

Por si los gatos

La idea de que de nuestras acciones u omisiones dependen posibles males incontrolables genera un sentimiento de culpabilidad irrefrenable. Esta responsabilidad no solo alcanza al propio sujeto, sino que se extiende a todos aquellos —incluso seres irracionales— que de una manera u otra dependen de la propia responsabilidad.

> Un paciente obsesivo quería salir con su mujer un fin de semana, pero tenía que dejar a los gatos solos. Esto planteaba un problema porque si los dejaba el día entero, no tendrían luz al anochecer. A fin de dejar algún punto de luz podía dejar una lámpara de pie encendida, pero alguno de los gatos podría chocar con ella, caerse esta contra una cortina y provocar un incendio en toda la casa, con lo que podría llegar a ser responsable no solo de los destrozos que ocasionara sino de los muertos que pudiera haber entre los vecinos y en el resto del barrio.

Muchos de los rituales compulsivos adquieren su significado a la luz del sentimiento de culpabilidad, tanto en su aspecto preventivo como reparador. Los rituales compulsivos implican dos supuestos fundamentales. El primero hace referencia al reconocimiento de una responsabilidad ineludible frente a cualquier mal que se pueda causar a sí mismo o a un tercero, a través de una acción u omisión propia o de un acontecimiento ajeno externo. El segundo, a la creencia de poder ejercer un control sobre tales acontecimientos a través de acciones o pensamientos mágicos, dado que no existe la posibilidad de un control directo y voluntario sobre los mismos. La relación entre estos dos aspectos, *poder* y *deber,* es de tipo circular. Da igual si se parte primero de uno que de otro. El silogismo implicado es del orden «puedo, *ergo* debo», o bien «debo, *ergo* puedo». Se sostiene sobre el apriorismo deber es poder, donde deber sustituye al popular «*querer* es poder».

¿Pero qué sucede si realmente algo que consideramos *deber* no está en nuestro *poder*? Todavía queda un recurso que sí podemos usar: el ritual. Por ejemplo, realizar determinados gestos o invocaciones para prevenir un daño. Una vez el ritual ha adquirido un poder mágico en sustitución de los límites de la eficacia de la propia acción voluntaria, se vuelve imperiosamente obligatorio —anancástico—, de modo que omitirlo constituiría una irresponsabilidad imperdonable (culpabilidad). A fin de evitar su omisión, el ritual adquiere una fuerza compulsiva y reiterativa, orientada a tranquilizar la conciencia del sujeto. Como decía un paciente:

> *Si dejara de practicar el ritual y sucediera una desgracia, me sentiría inmensamente culpable.*

Los rituales pueden llegar de este modo a suplir o a acompañar acciones más eficaces como esterilizar el material quirúrgico, revisar el cierre de las puertas de un avión o repasar las cuentas de la contabilidad.

La regulación heteronómica

Culpabilidad e hiperresponsabilidad son manifestaciones de una conciencia moral heterónoma. La tabla 6 presenta de manera sintética los sistemas de regulación moral y su correspondencia con las distintas fases evolutivas, que hemos desarrollado ampliamente en otras publicaciones anteriores (Villegas, 1993, 2011, 2015). El nivel heterónomo implica una conciencia cuyos criterios de decisión moral se atribuyen a fuentes externas al sujeto, sean estas representadas por figuras de autoridad o por códigos, transmitidos por la tradición o derivados de sistemas ideológicos religiosos o laicos.

CORRESPONDENCIAS ETAPA EVOLUTIVA-DESARROLLO MORAL	
ETAPA EVOLUTIVA	NIVEL DE DESARROLLO MORAL
PERIODO NEONATAL (0-2 AÑOS) Regulación por necesidades	PRENOMÍA Previo a la norma social
INFANCIA (2-6 AÑOS) Regulación por deseos	ANOMÍA Carente de norma social
NIÑEZ (6-12 AÑOS) Regulacion por normas	HETERONOMÍA Sometido a la norma social impersonal
ADOLESCENCIA (12-18 AÑOS) Regulación por relaciones grupales	SOCIONOMÍA COMPLACIENTE Acomodado a la norma social grupal
JUVENTUD (18 AÑOS...) Regulación por relaciones personales	SOCIONOMÍA VINCULANTE Acoplado a la norma social relacional
EDAD ADULTA Regulación por juicio propio	AUTONOMÍA Criterio propio o personal

TABLA 6

Aunque sometidos a múltiples interpretaciones, tales códigos tienden a imponerse de forma restrictiva y para el obsesivo tienen un valor determinante, puesto que le ofrecen la garantía y la solidez de un criterio de acción más estable y fiable que sus imprevisibles reacciones emocionales. De este modo, el obsesivo trueca los marcadores somáticos de los que hablaba Damasio por criterios externos de acción: sustituye el querer por el deber. La causa de este trueque no es una sensibilidad moral del obsesivo fuera de lo común, sino la necesidad de establecer unos puntos de referencia inamovibles que puedan servirle de guía en sus decisiones. El mismo papel desempeñan una serie de valores abstractos, fuertemente cargados de resonancias morales, tales como la pureza, la perfección, la castidad, la religiosidad, etc. Pero también podrían ejercerlo otros valores como el orden, la puntualidad o el rigor científico, carentes de ellas.

Visto de este modo parece que la utilización del nivel heteronómico de construcción le sirve al obsesivo más de criterio epistemológico que moral. Por ejemplo, no le sirven al obsesivo criterios como la solidaridad, que, por cierto, pertenece al nivel socionómico de desarrollo moral, a causa de su fuerte ambigüedad. El obsesivo puede llegar a tener la certeza de que ha llegado puntual, comprobando su reloj, pero no la certeza de haber sido suficientemente solidario; en todo caso debería poder contabilizar de alguna manera la solidaridad, por ejemplo, dedicando imperativamente, las tardes de los domingos a visitar a enfermos en un hospital o destinando un diez por ciento de sus beneficios a una ONG. El padre de un paciente obsesivo llegó al anochecer de un domingo al hospital donde uno de sus hijos, que moriría poco más tarde, estaba en la UCI, dando como excusa que venía de visitar a los enfermos, como hacía regularmente todas las tardes de los domingos.

La heteronomía se caracteriza por su carácter rígido y enajenado respecto del propio sujeto: piensa por él, decide por él. Se convierte en un criterio desgajado de las tendencias morales prenómicas y anómicas, orientadas a la satisfacción de las necesidades y apetitos del organismo, y desconectado respecto a sus posibilidades de evolución hacia la autonomía. De este modo se cierran las alternativas de cambio: no puede, por ejemplo, *aprender* de sus errores, puesto que estos no deberían haberse cometido; no puede llegar a comprender los motivos de sus acciones, ni, por ello, acceder al *perdón* propio o ajeno.

La moral heteronómica del sistema obsesivo es una moral veterotestamentaria en la que cuenta la letra de la ley por encima del espíritu. Ante dilemas morales que implican la conculcación de una ley o la interpretación favorable de esta, el sujeto se bloquea o escandaliza. Su incapacidad para evolucionar hacia estadios morales más complejos nace, como hemos dicho, de la ambigüedad de estos. Los criterios socionómicos —solidaridad, generosidad, tolerancia, diálogo, reparación, comprensión, perdón, etc.— son vagos e indefinidos.

Tomemos como ejemplo el bien común. Las preguntas que pueden plantearse al obsesivo son interminables: ¿Podría con este criterio justificarse la pena de muerte o debería abolirse? ¿Es aceptable el aborto o debe rechazarse? ¿En el supuesto de que en determinados casos, tanto una como el otro favorecieran al bien común, o lo perjudicaran, de qué dependería? Y, sobre todo ¿cómo *podría saberse* cuál es la opción moralmente correcta? ¿Y qué decir de los criterios con que se ha llevado a cabo en varios países la aprobación de la ley sobre la eutanasia o la del comercio y consumo de droga o la del matrimonio entre homosexuales y la subsiguiente adopción de hijos por parte de estos?

Si las leyes positivas no son inamovibles y encima los contornos de los criterios socionómicos resultan muy difusos, los autónomos son todavía más radicalmente libres o ni siquiera existentes. La conciencia moral autónoma requiere aceptar que la fuente última del juicio moral es la propia conciencia y que, en consecuencia, su dictamen está por encima de los enunciados morales o legales, humanos o divinos. Estos constituyen un fuerte tabú para la conciencia heteronómica del obsesivo, puesto que su relativización despierta una intensa desconfianza en sí mismo. ¿Cómo puedo transgredir un «mandamiento de la ley de Dios?». ¿Cómo puedo saber si lo que decido es bueno y no interesadamente perverso? ¿Cómo puedo compaginar mis impulsos, tendencias y apetitos con el bien común, si no es mediante una norma externa independiente aceptada por todos o dictada por ley? Y, sobre todo, ¿cómo puedo *fiarme de mí mismo*?

Con esta estructura moral es fácilmente comprensible que el obsesivo desarrolle una gran crisis de angustia cada vez que entran en conflicto sus tendencias prenómicas y anómicas con los criterios heteronómicos. Su sistema epistemológico no ha conseguido integrarlas y vive las dos tendencias como irreconciliables: la anomía tiene que ser reprimida por la heteronomía. Freud (1932) lo describió muy bien como una lucha interna entre las tres instancias psíquicas postuladas por su concepción dinámica de la psique: yo, ello y superyó.

El planteamiento de Freud, sin embargo, nace de una concepción antagonista entre naturaleza y cultura, dando pocas esperanzas a la curación y al cambio. Se trata de una visión no dialéctica, en la que el estado natural del ser humano es el que deriva de sus tendencias pulsionales, las cuales no pueden evolucionar transformándose, sino solo reprimirse o, en el mejor de los casos, sublimarse. En sus inicios, dice Szasz (1965),

> Freud quería liberar al paciente de la influencia patogénica de las vivencias traumáticas; más tarde trató la neurosis como una inhibición supersocializada: la finalidad terapéutica sería dejar sueltas las inhibiciones de modo que el paciente pudiese ser más espontáneo y creador; en una palabra, más libre. Esta idea es la que prevaleció en los círculos analíticos de las décadas de 1920 y 1930. Wilhelm Reich fue su principal defensor. La mayoría de los analistas creía que el objeto del psicoanálisis era la destrucción del superyó arcaico del paciente. Pretendían liberarlo de las influencias automáticas ejercidas sobre él inconscientemente por sus introyecciones infantiles. Pero ¿cómo protegerle a él y a la sociedad de sus pulsiones destructivas?

Ciertamente, en la base de la obsesión resuena el conflicto de la represión: las fantasías de los obsesivos remiten, con frecuencia, a imágenes de libertad física o mental: «anarquía y libertad de pensamiento» era el eslogan del paciente que se debatía en su parlamento interno. Otro se imagina viviendo como un *hippie* o un *okupa*. Otro paciente relata imágenes visuales de inmensas playas tropicales de aguas clarísimas y cálidas, donde se ve a sí mismo corriendo totalmente desnudo sobre la arena coralina en medio de palmeras y cocoteros.

Las tendencias anómicas de los pacientes obsesivos fueron reprimidas, rechazadas o ignoradas, con frecuencia, en su infancia. De este modo, al no haber sido posible experimentar una evolución libre y gradual, el paciente obsesivo las imagina descontroladamente peligrosas, razón por la cual debe extremar el control directo sobre ellas, desarrollando una actitud hipervigilante, incluso sobre los propios pensamientos, frustrando así cualquier asomo de satisfacción de tales tendencias.

A uno de estos pacientes su madre lo mandaba sistemáticamente a comprar a la tienda cada vez que venían a jugar sus amigos a casa, impidiéndole de este modo disfrutar con ellos. A otro, la madre le volcaba regularmente los cajones de su escritorio para que los volviera a ordenar. A otro, el padre lo fulminaba con la mirada cada vez que se retrasaba aunque fuera unos segundos. La fuerza de la represión da mayor impulso a los deseos prenómicos, pero en el momento en que se expresan o afloran en la conciencia de forma anómica se encuentran con el tabú de la moral heteronómica, reforzando su acción represora o desencadenando una fuerte sensación de descontrol y ansiedad.

Parecería que en estas condiciones todo el esfuerzo terapéutico debería dirigirse a destruir este «superyó arcaico», que de forma tan intransigente se opone a la satisfacción de las necesidades egoístas, pero ello no puede hacerse sin tener en cuenta la estructura del sistema epistemológico obsesivo y el papel fundamental que ejerce en este el nivel de construcción heteronómica, no solo en su dimensión moral, sino también cognoscitiva. El hijo de una paciente obsesiva de la limpieza y de la rectitud moral tuvo, a los 12 años, el siguiente sueño:

> *Se había declarado un incendio en el interior de la casa. El niño que estaba solo se dirigía al comedor para llamar por teléfono a los bomberos, pero al ir a atravesar la puerta del salón se daba cuenta de que el suelo estaba recién fregado por la madre y que no podía pisarlo. Debía esperarse a que se secara el suelo antes de poder llegar al teléfono para llamar, aunque la casa estuviera ardiendo.*

La génesis de esta rigidez moral, que en el caso extremo del sueño pone en evidencia la supremacía de la norma sobre las necesidades más perentorias, cabe buscarla en el momento de la formación del criterio moral heteronómico. Este viene a sustituir la validez de los criterios anómicos directamente dependientes de los marcadores somáticos y emocionales. No es lo que se siente, se quiere o se desea (criterio anómico) aquello que sirve como referente para la acción o la decisión personal, o incluso se necesita o conviene, sino las normas externas, aquello que se debe hacer de acuerdo con criterios impersonales (la ley positiva) o abstractos (la perfección). Pero tampoco lo constituye el deseo o la necesidad de los demás, lo que sería función del criterio socionómico, sino la norma externa del bien moral, definida en función de criterios de autoridad humana (los padres, el legislador) o divina (los mandamientos religiosos).

Entre los referentes externos a los que, llegado el caso, se acoge el paciente obsesivo tienen también un papel trascendental los profesionales de la medicina, la pedagogía o la psicología, sea de forma personal o a través de sus escritos o publicaciones. Así, no es infrecuente dar con pacientes que aplican sistemática y estrictamente las reglas de un manual o los consejos del psicólogo para dormir al niño, o que consultan al psicólogo para decidir si tener otro hijo o no, en base a criterios objetivos sobre los pros y los contras de ser «hijo único». Como decía uno de ellos:

> *No sé si tener otro hijo o no. Por más que ponga los pros y los contras en el plato de la balanza, no consigo dar una respuesta satisfactoria… Aun después de haberlo considerado todo, me siento incapaz de tomar una decisión; o aun en el caso de decidir, no estoy nunca convencido. Me quedo paralizado, incapaz de transformar en hechos los más refinados cálculos.*

La falta de empatía con las necesidades propias y ajenas, derivada de la sustitución de los criterios emocionales por criterios heteronómicos de acción, constituye el caldo de cultivo de la organización obsesiva. El rigor moral o ideológico se instaura como referente único hasta el punto de anular a todos los demás con la consecuencia perversa de que, al no gozar de un criterio interno de referencia, el sujeto se encuentra abocado necesariamente a la duda, no sobre la existencia o la validez de la norma, sino sobre la adecuación de su comportamiento a la misma.

> La madre del niño que tuvo el sueño del incendio explicaba que cuando este tenía 4 años «robó» ocasionalmente una postal de una mujer desnuda en el kiosco de la playa, fuertemente atraído por los generosos pechos de la modelo. La hermana del niño, que lo observó, se lo contó a la madre, la cual le conminó que la devolviera inmediatamente, recriminándole severamente por este comportamiento. Pero el niño, que la había escondido en el interior de su camiseta, lo negó rotundamente. Al ir a acostarse, sin embargo, y al quitarse la ropa, la postal cayó al suelo y la madre la descubrió, con lo que le reprendió todavía con más severidad por haber «robado», haber «mentido» y haber «cometido acciones impuras», obligándole además a volver para restituirla personalmente y pedir perdón al dueño del kiosco, cosa que con gran vergüenza hizo efectivamente el niño al día siguiente, acompañado y presionado por la madre. Con esta actitud la madre mostraba que la curiosidad y la atracción que el chico sentía por la mujer desnuda eran pecaminosas y nefandas, cosa que el niño ya había aprendido, porque poco antes de escondérsela en su camiseta, inocentemente, se la había enseñado a la madre, la cual le había dicho que esto no se debía tocar ni mirar, razón por la cual terminó robándola a escondidas.

La psicoterapia de la obsesión contempla la posibilidad de la superación del síntoma en la evolución del sistema epistemológico moral en su conjunto y dentro de los márgenes de evolución que permite, en cada momento, la zona de desarrollo proximal. En los inicios del proceso terapéutico el desarrollo moral del sistema es estrictamente heterónomo, basado en los códigos morales y en las figuras de autoridad, o bien en metas perfeccionistas inalcanzables, porque estas le permiten tener un punto estable de referencia.

La imposibilidad de conseguir la perfección absoluta impide cualquier tipo de connivencia, y, en consecuencia, de integración entre el nivel anómico y el heteronómico. La satisfacción de los propios intereses es considerada siempre antagónica con las normas morales, obstaculizando cualquier forma de superación. Esta solo puede llevarse a cabo en un nivel de desarrollo autonómico moral, el cual es el resultado de superar el estadio heteronómico a través de conjugar las propias necesidades de afirmación (prenomía y anomía) con el respeto por los demás (socionomía) y de las normas convenidas socialmente (heteronomía), proceso por el que se forma la llamada conciencia moral.

La evolución del sistema moral hacia la autonomía, que el obsesivo vive como una *traición* hacia sus principios, implica el reconocimiento de las propias emociones y las de los demás como el fundamento de las decisiones y las elecciones éticas. Yo puedo saber lo que quiero a través de mis sensaciones (reconocimiento de los propios marcadores somáticos) y puedo saber lo que sienten los demás a través de la empatía (reconocimiento de las expresiones de los marcadores somáticos ajenos). Tomar en cuenta las propias emociones es un buen camino para el reconocimiento de las ajenas. En caso de discrepancia o conflicto de intereses, debo aprender a negociar. No siempre es posible la combinación de intereses contrapuestos, pero siempre es posible su reconocimiento: esta es la base de la negociación. La sabiduría de algunos pueblos indígenas se ponía de manifiesto en el hecho de que, para llevar a cabo las negociaciones de paz, el jefe de la tribu escogía como mediador al más aguerrido de sus hombres: así sabría defender sus intereses a la vez que tendría que aprender a pactar.

Ahora bien, si la conciencia moral heteronómica y el sentimiento de culpabilidad tienen un papel tan determinante en la formación de la estructura obsesiva, ¿cómo ha llegado a producirse esta? El análisis llevado a cabo y la casuística considerada hasta aquí nos ofrecen dos posibles vías de acceso hacia un mismo resultado. Ambas parten de un punto común, la invalidación de la espontaneidad. Si retomamos el esquema inicial (Gráfica 1), propuesto en el capítulo primero, la invalidación del sistema de regulación propio —basado en el reconocimiento de necesidades y deseos (criterios pre y anómicos)—, produce la sustitución de estos por criterios heteronómicos, ajenos a la propia naturaleza.

Esta sustitución puede ser el resultado de dificultades evolutivas provenientes de las pautas represivas aplicadas en la educación familiar, ya desde la primera infancia, como en el caso de Mireia, la chica de los auriculares. O, por el contrario, presentarse de modo fulminante a partir de algún acontecimiento invalidante, como en el caso de Ceci, el desmayo de su hija a la vuelta de la playa. En cualquier caso, se despliega el trípode obsesivo desconfianza-duda-culpa.

Averiguar este proceso de formación, que hemos denominado «psicogénesis del trastorno obsesivo», será el tema del próximo capítulo.

7. Psicogénesis de la obsesión

Nos queremos referir en este apartado a la razón de la génesis evolutiva del trastorno obsesivo, es decir, al proceso por el cual un sistema epistemológico (Villegas, 1993) —o lo que Vittorio Guidano (1987) llamaría una «organización de significado»— se vuelve obsesivo. Este planteamiento supone, desde luego, que tal sistema u organización no es obsesivo por naturaleza, sino que se transforma como tal en su proceso de construcción estructural. La pregunta que se plantea en consecuencia es la siguiente: ¿qué sucede o tiene que suceder en este proceso o en su contexto para que un sistema evolutivamente abierto se convierta en obsesivamente cerrado, precisamente durante el periodo de su formación?

Estas preguntas hacen referencia sobre todo a tres cuestiones,

- la primera, relativa al periodo evolutivo,
- la segunda, relativa al contexto relacional,
- la tercera, relativa al sistema de regulación moral.

El periodo evolutivo

Todos los autores están prácticamente de acuerdo en que el periodo de gestación del trastorno obsesivo se sitúa en la infancia y que su mayor eclosión se produce en la adolescencia o el inicio de la edad adulta. Con este criterio coincide el propio DSM, si bien no se excluye un inicio más precoz en la infancia, ni una eclosión repentina en la edad adulta, como la erupción inesperada de un volcán, a propósito de algún acontecimiento desencadenante.

El farolero

Ernesto, estudiante de derecho al que ya nos hemos referido en capítulos anteriores, explica que recuerda tener «supersticiones» y llevar a cabo conductas ritualizadas desde bien pequeño:

> TERAPEUTA: *Estas fórmulas o rituales, ¿cuándo empezaste a hacerlos?*
> ERNESTO: *Pues hace mucho tiempo. Yo me acuerdo de que cuando era pequeño ya lo hacía. Me acuerdo de que por la calle tenía que ir, siempre que encontraba una farola, por la derecha, o las baldosas, también por la derecha… Y, si giraba todo a la izquierda, tenía que girar otra vez a la derecha. No me acuerdo muy bien cómo lo hacía, pero siempre lo hacía así. Esa es una de las cosas, y muchas más, que ahora no recuerdo… Pero, sobre todo, no poder tener en mente nunca los tres seises seguidos. Igual que el 36 tampoco lo puedo pensar, porque es un múltiplo de 6 x 6, que sería 36, tampoco lo puedo pensar…*
> T.: *¿Pero en qué edades lo situarías? Porque esto que me explicas de la farola, ¿era un juego o era como es ahora?*
> E.: *No, no, como es ahora. O sea todo me lo tomaba como ahora. No era como un juego. Y, pues, no sé, que recuerde… A lo mejor tendría 11 años.*

Ernesto sitúa el inicio de sus «rituales» en la preadolescencia, otorgándoles el mismo significado que tienen ahora, que es la prevención de un mal que pudiera sucederle a él o a su familia y la evitación de la culpa. Este mal que pretende evitar no es algo concreto, sino una cuestión inespecífica que escapa a sus posibilidades de control, ante lo cual, utiliza el pensamiento mágico.

> T.: *Y cuando hacías esto, por ejemplo, lo de las farolas, ¿era una fórmula que te garantizaba que no iba a pasar algo?*

E.: *Sí, bueno. Más que garantizarme que no pasaba nada, era la seguridad de que no tendría que estar preocupado por eso.*
T.: *Vale. ¿Y qué era eso que te preocupaba y que querías evitar con esa fórmula?*
E.: *Bueno, pues no era nada determinado, era que no enfermásemos nadie de mi familia, o que no les pasase nada.*
T.: *¿Siempre relacionado con tu familia?*
E.: *Sí, siempre ha sido así.*

Esta característica revela la naturaleza evolutiva del trastorno en relación al periodo de aparición. Pero no nos dice nada de cómo y por qué sucede precisamente en este periodo. Como todos los fenómenos complejos, la génesis del fenómeno obsesivo es susceptible de múltiples interpretaciones. Vittorio Guidano (2013), por ejemplo, dice:

> Generalmente los obsesivos se conducen bastante bien hasta la pubertad [...]. La razón de ello está en que para mantenerse en la certeza de corresponder a la polaridad positiva tienen que hacer frente a dos tendencias particularmente críticas, que se presentan con particular agudeza en la pubertad: la agresividad y la sexualidad.
>
> Para un obsesivo es inaceptable admitir que está sintiendo rabia por alguien, que quiere hacer algo contra alguien [...]. El problema que tiene el obsesivo es que no puede atribuirse explícitamente ningún sentimiento de rabia o agresividad [...] y cuando estos surgen en la conciencia, inmediatamente empiezan los rituales y conductas de control o las rumiaciones.
>
> El otro sector crítico para los obsesivos es la sexualidad, pero no es tanto un problema de moral, sino de control del placer [...]. Entonces los primeros problemas ocurren en la adolescencia con el descubrimiento de la sexualidad, que sienten como incontrolable, para lo cual tienden a conceptualizar el problema. Por ejemplo, limitando la masturbación a un número fijo de tres veces o múltiplos de tres al día o a la semana, lo que da lugar a las compulsiones.
>
> Esta sensación de descontrol interno lleva a los obsesivos a un retiro social bastante pronunciado en su juventud y a una inversión

en el ámbito de los estudios o de tareas cognitivas complejas (informática, ajedrez, etc.).

Como puede verse, la posición de Guidano no es muy distante de la psicoanalítica, en cuanto entiende la obsesión como manifestación de una represión de las dos tendencias dominantes *(eros* y *thánatos)* en la psique humana. La diferencia más destacable la establece en referencia al periodo evolutivo de su eclosión, que para él se sitúa en el momento de mayor actividad fisiológica, la adolescencia, mientras que para Freud el momento de su gestación hay que buscarlo en la fase anal del desarrollo psicosexual en la infancia.

Independientemente de inicios más o menos precoces y de sus motivaciones sexo-agresivas, como las supuestas por el psicoanálisis, lo que nos interesa subrayar es la relación de la aparición de las manifestaciones obsesivas con el surgimiento de una conciencia constrictiva de la espontaneidad que, en la perspectiva de la teoría del desarrollo moral (Villegas, 2011, 2015), remite a la dificultad de encaje entre regulación anómica y heteronómica. Esta situación puede producirse como efecto de un déficit de integración, propio del pasaje de la infancia a la adolescencia (perspectiva evolutiva), o puede ser el resultado de un conflicto, surgido en cualquier otro momento de la vida (perspectiva estructural).

La constricción de la espontaneidad

El caso de Julio, paciente al que ya hemos visto antes en varias ocasiones, encaja con la hipótesis del periodo adolescente como época más favorable para la eclosión del trastorno obsesivo. En sesión grupal se habla de la dificultad de Julio de ser espontáneo y mostrarse natural en diálogo con otra paciente, Nora, y el terapeuta.

TERAPEUTA: *Tal vez consideras que eso de ser natural y espontáneo no está bien. O sea, tú sientes que estaría bien, pero consideras que no lo está.*

Julio: *Es que yo ya lo era. Aquí está el problema. Yo era natural y ahora no lo soy.*
T.: *Eras natural y te socavaron esta naturalidad.*
J.: *Me supuso ciertos problemas y tuve que modificar mi conducta.*
T.: *Lo que hiciste fue una inversión: pasaste de ser espontáneo a ser complicado.*
J.: *Sí, pero para sobrevivir…*
T.: *Sí, sí, esto seguro. Bueno, pues, igualmente ahora me puedo permitir ser espontáneo y, si en alguna ocasión veo que me he equivocado, puedo rectificar. Tú tienes ahora tu juicio invalidado, ¿no?*
J.: *Simplemente no existe. Pero antes me pasaba al revés. Yo tomaba las decisiones, lo hacía todo y no me importaba…*
Nora: *Claro, claro… Precisamente, cuando te molesta la opinión de los demás, o el juicio que puedan hacer los demás… Es porque tú mismo, tu propio juicio es negativo. No estás conforme con lo que estás haciendo y entonces piensas que los demás te están juzgando.*
J.: *No, no; no es que no esté conforme. Estoy dudoso, que es distinto… Porque conforme estoy. Pero, claro, siempre existe el pero, o sea, es una duda… Entonces una parte de mí dice que sí y la otra dice que no.*
N.: *Claro, y tú antes, como eras natural y te aceptabas como eras, estabas a gusto contigo, porque eras tú. Ahora no eres tú. Antes la opinión de los demás no te afectaba.*
J.: *Llegó un momento en que me afectó y ahí quise cambiar un poco el rol.*
T.: *Lo invertiste. Lo único que se te ocurrió: si no es blanco, pues será negro.*
J.: *El cambio, el cambio total.*
T.: *Pero claro, ese cambio, ¿qué implica? Pues que tú te disocias de tu propio criterio. Entonces tu criterio ya no vale, vale el de los demás. Y hay que estar pendiente, a ver… Por eso entras en la duda, porque no sabes…*
J.: *Como un escudo de defensa. Yo tuve un momento que sí, que era muy alocado, era muy extrovertido. Y me trajo problemas ser extrovertido. Hasta los 11 o 12 años lo llevaba bien; pero cuando empecé a notar que ya me hacía un poco mayorcito y tal y que la gente no iba así, en esta línea que era la mía, yo pensé, así no puedo ir. Entonces oía a las vecinas: «Es que este chico pone la música muy fuerte». Y críticas, ¿no?… Y corrió*

> *la voz de que yo pues me pegaba juergas y tal. Y sí que me las pegaba, y bebía y me emborrachaba con los amigos y eso. A mí me han juzgado por borrachín, por hacer ruido hasta altas horas de la noche. Pero no he sido el único… Y yo entonces pensé «no, esto tiene que cambiar». Y yo sé de personas que, a partir de esto, no les caigo simpático… Y yo me acuerdo de que, a partir de estos acontecimientos entre los 15 y los 17 años, lo viví muy mal y me sentí en tela de juicio de los demás. Entonces me sentí rebelde, contestatario… Y entonces, pues me dije: «¡Ep! No te tienes que hacer notar tanto y cambiar de táctica». Y en casa también me trajo problemas, por contestar a mis padres. Yo tenía discusiones con mi padre, porque no me sentía comprendido. Yo tenía ciertas inquietudes de cómo me sentía y él lo veía de otra manera, y ahí chocábamos. Pero eso, desde que tenía 15 años hasta ahora, continúa igual, no ha cambiado nada.*

El contexto relacional

También los autores cognitivistas de orientación constructivista están de acuerdo en buscar en la infancia las raíces de la estructura obsesiva, pero con una perspectiva más relacional que intrapsíquica. El propio Guidano (Guidano y Liotti, 1983) se halla entre los primeros en haber sugerido una relación específica entre el tipo de vinculación con las figuras de apego durante la infancia. Otros autores, como Lorenzini y Sassaroli (1994) o Mancini (2000), participan de la misma perspectiva. Más específicamente, hacen referencia a una relación afectivamente ambigua o a una particular severidad en las relaciones originarias con las figuras de apego. Así, por ejemplo, Lorenzini y Sassaroli (2000) comentan la génesis del trastorno obsesivo de la siguiente manera:

> El cliente obsesivo experimenta en la relación de apego, por un lado, la prohibición de sentir emociones, sobre todo las que se refieren a relaciones interpersonales y, por el otro, que el amor se conquista a través de determinadas prestaciones, cuanto más se actúa con precisión, más querido se es. Las dos normas están ligadas entre sí por la

> idea de que experimentar emociones es un signo de imperfección; por lo demás, los padres siempre han mostrado con gran coherencia el desagrado ante las manifestaciones emocionales del niño, llegando progresivamente a inhibirlas.
>
> El clima de estas familias en las que en la comunicación prevalecen los aspectos analítico-digitales sobre los analógicos, en las que se incentiva la seriedad o la reflexividad, en las que un padre «austero didacta» se muestra absolutamente incapaz de afrontar las dificultades afectivas e interpersonales del niño, en las que la apelación a los valores morales es constante y a menudo abstracta, está vinculado, en primer lugar, con la vergüenza y la dificultad del padre para dejarse llevar por una relación afectiva auténtica.

Otros autores (Adams, 1973; Beech, 1974) han concretado algunas de estas actitudes en conductas como el predominio de la expresión verbal sobre la afectiva o emocional, severas limitaciones a la expresión de felicidad y placer, bloqueo de las expresiones relativas a la agresividad y la sexualidad, limitación de las relaciones sociales, formalismo, limpieza, puntualidad, sacrificio y ahorro. Salkovskis (1999) ha especificado, además, algunas situaciones particularmente proclives a desencadenar la hiperresponsabilidad característica de la obsesión: un exceso de responsabilidad en la infancia por falta de la misma en los adultos o, inversamente, un descargo sistemático de cualquier tipo de responsabilidad; la coincidencia de algún incidente en el que el niño haya contribuido por acción u omisión, o crea que pueda haber influido, a través de sus pensamientos o deseos, en la producción de un mal grave a sí mismo o a terceras personas.

Valeria Ugazio (1998, 2013) sitúa la génesis del trastorno obsesivo en un contexto más amplio, el de un construccionismo familiar y cultural, en el que el discurso sobre el bien y el mal particularmente las conversaciones familiares estructuradas sobre todo alrededor de esta polaridad—, obligan al sujeto a situarse en uno de los polos o bien a tomar la posición del medio. Esta última sería la posición característica del obsesivo y explicaría su constante oscilación, duda e incertidumbre. En estas familias el bien se relaciona con la mortificación y la abstinencia. El mal, en cambio, se halla asociado a la explosión de la vida y el disfrute. La mayoría de los individuos de estas familias se ven llevados a polarizarse en un extremo u otro, acentuando el polo del sacrificio o el del libertinaje. Quienes prefieren mantenerse alejados de los dos polos, se ven abocados a un continuo ejercicio de control obsesivo de las tendencias contrarias.

Nuestra experiencia clínica es coincidente con lo que hasta ahora se ha venido exponiendo: padres con un sentido moral particularmente riguroso o categórico, de escasa o nula empatía, con una expresión emocional modulada por la corrección formal y la contención de los sentimientos, cuyos mensajes de aprobación o desaprobación se presentan frecuentemente de forma críptica o indescifrable. Por ejemplo, el padre de uno de nuestros pacientes abortaba sistemáticamente cualquier forma de manifestación emocional con una técnica que metafóricamente convinimos en llamar «del armario». En efecto, cada vez que la madre, que trabajaba en casa confeccionando piezas de ropa, se deprimía o se enfadaba porque algún trabajo no le salía bien, el padre cogía la pieza y la echaba encima del armario diciendo «Ya está, ¿cuál es el problema?». Otro de estos padres mostraba de forma fría y distante su disgusto con las manifestaciones emocionales del niño, apartando de él su mirada y señalándole con el dedo la puerta para que se alejara de su presencia. Más tarde, este paciente, en su edad adulta, sufría una intensa reacción ansiosa ante cualquier situación que requiriera una asunción de responsabilidad, como, por ejemplo, la de presidente de la comunidad de propietarios.

Un virus gigante

Uno de los factores contextuales de mayor incidencia sobre el desarrollo moral del individuo es la familia, como se evidencia en el caso de Sara, de 51 años, que acude a terapia por el problema obsesivo de su hermana Mónica, de 53, que vive todavía con sus padres de más de 80 años, en una ciudad del área metropolitana de Barcelona. Con anterioridad, la hermana había intentado vivir sola en Barcelona por un total de tres o cuatro años hasta que, como dice Sara, «el fantasma de la depresión y el síndrome del TOC la rodearon».

SARA: *Ante esta situación, yo planteé la idea de llevarme a mi hermana a su casa.*
TERAPEUTA: *Es curioso eso, ¿no? Llevártela a su casa, la de ella, no a la tuya.*
S.: *Sí, claro, a su casa; porque ella también preferiría estar en su casa, con sus cosas, y no en la mía, que también es un caos. Pero, de todas maneras, ella preferiría su cama, su sofá… Y ayer yo estaba en casa de mis padres y, antes de cenar, ella se puso a llorar, diciendo: «estoy tan cansada de desinfectar y desinfectar». Si yo estuviera en su casa con ella, para poder asegurarle que no dejaba ningún grifo abierto, ninguna luz encendida, que había desinfectado la mesa después de haber puesto los libros. El caso es que yo vigilara cuando se desmaquillaba o mientras ponía las lavadoras, si ponía o no jabón.*
T.: *¿Y te verías capaz de hacerte cargo de esto?*
S.: *Ahora sí. Antes, no. Pero a base de observar y observar y ver la raíz del problema, me he vuelto más tolerante… Entiendo más a mi hermana. Si ella se enfada, yo ahora no me enfado, espero a que se le pase, pero le hablo bien. Antes le hablaba mal, actuaba como si tuviera 5 o 10 años. Ahora no, porque está ya muy mayor mi hermana. Si ella se muriera, le harían un favor, si pudiera morirse durmiendo… Ella no quiere vivir más. Realmente no quiere vivir más, lo ha dicho muchas veces. Lo que no va a hacer es suicidarse, pero inconscientemente se está* autosuicidando. *Fue mi madre quien le dijo «estás autosuicidándote». Y mi hermana le respondió «es igual, es que yo ya no quiero vivir más, estoy cansada, estoy muy, muy cansada».*
T.: *¿Y qué has entendido del problema de tu hermana?*
S.: *He entendido que mi hermana tiene el carácter que tiene… Ya sé que echamos siempre la culpa a los padres, pero sintiéndolo en el alma y habiéndolo pensado mucho, por desgracia así es: mis padres han tenido ahí su papel. Mi padre, principalmente, que solo vivía para trabajar. Jamás sacó a mi madre de casa a pasear o a un restaurante, ni tenían amigos. Todo el día dentro, sin información de afuera, de la calle. Nada de nada.*

T.: *Es peligroso asomarse al exterior…*

S.: *Mi padre tiene un carácter infernal. Y claro, ella el mal carácter lo aprendió de mi padre. Entonces, cuando ella se va a lavar las manos o cuando hace mucha espuma o cuando tiene que limpiar y desinfectar todos los interruptores, los manubrios… Todo lo que se haya tocado con la mano, todo lo que venga del exterior, hay que desinfectarlo: el bolso, el móvil, en fin, todo… Le lleva la vida, entre que duerme y desinfecta. Entonces, mi hermana le ha dicho a mi padre mil veces: «no pongas esta bolsa encima de la mesa del despacho» y mi padre no le hace ni caso. Mi padre quiere que mi hermana le lleve las cuentas, pero mi hermana dice «no me da la gana, si yo le digo que no ponga ahí una cantidad de virus y que él pase de lo que yo le digo». O sea, mi hermana nos obliga, entre comillas, a cambiarnos la ropa de fuera, de la calle, por lo tanto, vamos en zapatillas. Mi padre no se cambia de ropa, jamás lo ha hecho; lleva zapatos de calle para estar dentro de casa. Y los pantalones se los cambia cada dos años, por decir algo. O sea… Mi padre es como… un virus gigante.*

T.: *O sea que hay virus fuera y dentro de casa.*

S.: *Y a mi hermana desinfectar le lleva la vida. Ella era una mujer súper limpia, súper ordenada, pero súper. De todas maneras, cuando yo tenía 9 años, ya veía a mi hermana con 11 años lavarse mucho las manos, no como ahora, pero sí de una manera exagerada para ser tan jovencita… Pero claro, esto se agravó cuando ella vivió sola en un piso de Barcelona. Y entonces llegó un momento en que no se podía acercar al váter, a la escoba o al mocho… Cuando realmente era algo que ella utilizaba. Se encontró con que tenía que lavar la ropa varias veces en la lavadora, porque no estaba segura de si había puesto jabón o no. Y vuelta y vuelta a lavar… Y ya había dejado de planchar porque tenía miedo de que se hubiera dejado enchufada la plancha…*

T.: *O sea, es el cuento de nunca acabar…*

S.: *Y bueno, yo creo que mi hermana lo que intenta es, a base de lavarse mucho, sacarse todas las frustraciones de encima y piensa que así, durante un minuto o dos, porque es lo único que le dura esta satisfacción, puede sacarse la insatisfacción de no haber podido casarse, de no haber podido tener hijos, de no tener una vida normal…*

T.: *¿Y por qué no pudo tu hermana irse de casa?*
S.: *Para no dejar sola a mi madre. Porque mi madre decía «un día vuestro padre nos matará». Porque mi padre era violento. ¿Qué pasó? Que yo no pude aguantar más y a los 26 me fui de casa. O sea, en cuanto encontré trabajo, las abandoné... Y me sentía culpable, pero yo decía «es que no puedo más». O sea, todo «no, no, no, no», «represión, represión, represión». Incluso la directora del colegio dijo «esas niñas van con miedo por la vida ¿les pasa algo?». Pero no se hizo nada, claro. La intención de mi padre era tener a las tres, a mi madre, a mi hermana y a mí, en un puño para que no tuviéramos libertades. Cuando mi hermana empezó a trabajar, a los 16, mi padre le hacía entregar el dinero que ganaba para que no tuviera libertad, para que no creciera. Mi hermana es inteligente, mi padre es corto. Eso sí, trabajar sí. Pero mi padre lo que no quería era una persona inteligente en casa y a mi hermana, aparte de pegarle, intentó siempre hundirla, que no sobresaliera mentalmente más que él... O sea, mi hermana servía para ir a la universidad, lo dijo la directora del colegio. Pero mi padre no quería que alguien fuera más inteligente en su casa. Entonces, a base de represión, gritos, amenazas... En fin, clásico, típico, aburrido... Y ya está.*
T.: *Entonces te fuiste con 26 años.*
S.: *Sí, me fui a los 26. Mi hermana se fue con 40, pero volvió con 44, cuando el fantasma de la depresión y el síndrome del* TOC *la rodearon. Mónica llamó a mis padres, estaba en un estado de shock que no podía continuar. Ya no podía más. No podía hacer lavadoras, no podía ni coger el mocho. Y entonces tuvo que volver a casa de mis padres... Luego, mis padres me dijeron si me podía ocupar yo. Porque mis padres son mayores y mi hermana está que no puede estar sola... No sabe vivir sola.*
T.: *O sea no que puede estar sola porque tiene ese síntoma y tiene ese síntoma porque está acompañada.*
S.: *Claro, principalmente, cuando mi hermana antes estaba bien, nunca fue su propósito vivir sola. Hace veinte años su vida no era vivir sola, para nada: era casarse, tener hijos... Que hubiera gente en casa... Como todo el mundo, claro. Yo, viendo el show de mi casa, lo único que deseaba era estar sola. Ya había tenido bastante. Pero parece ser que ella quería probar suerte. Yo no, ya la había probado...*

T.: *Pero hay una cosa curiosa a la que voy dando vueltas y vueltas: parece que todo en esa casa está como muy cerrado, como muy hermético, no pueden entrar agentes externos…*
S.: *Con sus virus…*
T.: *Que no haya gente exterior que nos contamine, que no haya virus externos que nos contaminen. Entonces, todo está herméticamente cerrado en esa casa, en esa familia. Tus padres estarían contentos, en el fondo, de que tú no tuvieras amigas. De hecho, tu hermana no tiene amigas. Entonces, parece ser que esos agentes externos son virus contaminantes. Esta familia está como embalsamada; o sea, no se puede mover, está quieta, está estática.*
S.: *Es que, sobre todo, cuando teníamos entre 15 y 20 años, estaba todo súper controladísimo.*
T.: *El control, que no haya nada externo que nos contamine, nada que nos ensucie. La desconfianza hacia el mundo exterior.*
S.: *Sobre todo, que no entre información de fuera, que no entre información que nos llevara a poder ser más libres de lo que somos…*

En el polo opuesto a unos padres extremadamente rígidos o incapaces de hacerse cargo de las reacciones emocionales de los demás, pero omnipresentes en su seguimiento de los hijos, encontramos padres dimisionarios, a veces física y socialmente ausentes, como el de un paciente cuyo padre era una especie de mito, solo referido por la madre, por lo que el niño, hijo único, vivió durante los seis primeros años de su vida sin llegar a conocerlo. O el de otro, padre de un hijo único también, que desapareció de su casa sin dar explicaciones. Algunos de estos niños crecen con un exceso de responsabilidad en su infancia o con una evitación sistemática de la misma. Como decía un paciente: «Creencia de que quizá no estaba preparado para la madurez o de que quizá ya la he vivido, porque he sido un niño adulto». Otro paciente se veía obligado a hacer de custodio de su madre, encerrada en casa, afectada de un delirio erotomaníaco, mientras el padre desaparecía durante días; debía mantener además en secreto esta situación que la familia consideraba vergonzante, viéndose impedido por ello de invitar a ningún compañero a casa y obligado a disimular constantemente. Ante la impotencia de contener y comprender a la madre, el niño desarrolló ya precozmente todo tipo de rituales obsesivos de carácter preventivo, a fin de protegerse a sí mismo y a los suyos.

El sistema de regulación moral

Probablemente, todas estas perspectivas genéticas o etiológicas tengan su razón de ser y su lógica, e incluso pueden considerarse compatibles y complementarias, de ningún modo excluyentes entre sí. Sin embargo, estas u otras características, presentes en las familias de origen, solas o acompañadas en las más variadas combinaciones, no bastan para dar cuenta de la aparición ni de la gravedad del fenómeno obsesivo. Honestamente, no pueden presentarse como causas —ni los autores que las consideran así lo pretenden—, sino como condiciones facilitadoras, caldo de cultivo en el que tales actitudes florecen. Como contextos, más bien, donde surgen como posibles unas estrategias con preferencia a otras.

Este planteamiento etiopatogénico, en efecto, deja sin responder dos preguntas esenciales que continúan en pie y que, posiblemente no tienen la respuesta que el propio obsesivo o el científico desearían: ¿por qué este trastorno específico y no otro? ¿Y por qué este individuo y no otro? Nuestra propuesta rehúye expresamente el planteamiento causal. No consideramos que la obsesión, como tampoco la mayoría de los trastornos de ansiedad, se pueda explicar de una manera lineal: muchos factores diversos contribuyen a un mismo resultado, e inversamente un mismo factor contribuye a resultados muy diversos (principio de equifinalidad). Lo que nosotros queremos proponer en este texto es una hipótesis interactiva, en la que el posicionamiento del sujeto durante el proceso de construcción de la experiencia es determinante en el resultado final. Este planteamiento requiere una concepción dialéctica del proceso evolutivo, en el que a momentos de (sín)tesis le siguen momentos de (antí)tesis, generando crisis y cambios en una estructura epistemológica en busca de una nueva síntesis. Es una visión opuesta a las concepciones deterministas, sean estas del signo que sean.

Para ser más concretos: consideremos la formación del sistema epistemológico moral en el obsesivo. Como todo recién nacido, el futuro obsesivo parte de una estructura determinada, el organismo, con unas necesidades y unos recursos limitados, pero a la vez moldeables a la influencia y a la interacción con el ambiente. De esta interacción y de sus múltiples vicisitudes el sistema desarrollará nuevas estrategias y nuevos recursos. Algunos tenderán a fijarse y a repetirse por su funcionalidad, al menos inicial, y otros irán abandonándose en beneficio de terceros. De este modo, guiadas y propulsadas en sus orígenes por un potente programa innato, irán desarrollándose las funciones y habilidades sensoriales y motoras, lingüísticas, operativas, etc., que son básicas para la construcción del sistema epistemológico cognitivo, hasta hacerse cada vez más autónomas y suficientes. Estos primeros pasos evolutivos están prácticamente predeterminados, como una continuidad de la gestación o la maduración extrauterina. Pero de inmediato se abren zonas de desarrollo donde el organismo tiene que crear sus propias estructuras para adaptarse a un medio abierto y cambiante. Es ahí donde empezamos a hablar de procesos de construcción.

En el ámbito de la construcción moral, sin embargo, no existe ninguna guía innata. El obsesivo, como cualquier otro bebé, nace en un estadio *prenómico*, que no prefija ningún criterio de bondad o maldad de una acción. Incluso las respuestas «prosociales» del bebé, como la sonrisa o las respuestas de empatía o simpatía hacia otros semejantes, carecen de cualquier referente moral. Son producto, originariamente, de los criterios de satisfacción de sus necesidades, sin plantearse, siquiera, si estas pueden entrar en contradicción o en sintonía con el bien común o del prójimo más cercano, como es la madre.

Con el tiempo el niño va descubriendo la existencia ocasional de este contraste a través de las reiteradas oposiciones de los padres a sus deseos egoístas, y entra en una crisis del estadio anterior en el que la percepción de sus necesidades no era vivida como fuera de la ley (estadio *anómico*), sino anterior a ella (estadio *prenómico*). Perdida la inocencia original, consciente de la existencia de una norma externa, el sistema se reestructura aprendiendo a identificar aquello que es malo o prohibido para poder conseguirlo, si le interesa, usando el engaño, el disimulo o pasando a la acción directa desafiante o a la rabieta impertinente. De este modo, los conflictos *sociales* aumentan de forma exponencial, provocando la dialéctica acción-reacción entre él y los padres, característica de este periodo entre los 2 y los 4 o 5 años.

Naturalmente, la manera en que los padres hacen frente a esta interacción puede favorecer la aparición de ciertas actitudes con preferencia o en detrimento de otras. De un modo mejor o peor integrado, se va gestando en el niño una representación de las normas. Es el momento de la formación de la conciencia, que exige la reestructuración de su sistema epistemológico moral: la norma aparece inicialmente como algo ya dado, externo a él, que se impone de manera universal. La socialización que implican la disciplina escolar, las reglas de los juegos, el precio de las cosas, etc., contribuyen a su internalización. El niño empieza a someterse, a pedir permiso, a consultar, a fiarse más de lo que dicen sus mayores que de lo que piensa él. El helado es muy bueno, pero ahora no conviene comérselo, o ya se ha comido otro, o no llega el dinero para tanto, o está castigado sin él. El sistema se estructura en función de un criterio ajeno, *heterónomo*. El niño puede entrar en una fase de relativa calma y armonía con su entorno. En el mejor de los casos, aprende por sí mismo a identificar aquello que está bien o está mal, que está permitido o está prohibido y ha experimentado que, a fin de cuentas, saca más provecho de portarse bien que mal y se abandona tranquilamente o se deja guiar por los mayores.

En paralelo, la maduración de los sistemas innatos de reconocimiento de las respuestas emocionales se vuelve cada vez más sofisticada, hasta adquirir la capacidad de comprender los estados mentales de los sujetos implicados en una relación y de examinar las creencias y los deseos subyacentes, organizándolos en un acontecimiento emocional. Esto significa la formación de la empatía, como sentimiento originario, que permite concebirse a sí mismo como semejante a los demás y comprender a los demás como a sí mismo, lo que establecerá las bases para una moral altruista. En otros casos, el niño que no llega, por las razones que sean, a integrar el beneficio de la norma externa o no consigue discriminar la ambivalencia, se comporta de una manera indisciplinada y caótica, a veces de forma claramente amoral, otras de forma patológicamente sintomática.

Con la maduración cognitiva, social y sexual de la pubertad aparece la conciencia crítica. El surgimiento de criterios discrepantes introduce un relativismo en la estructura moral heterónoma, predominante hasta este momento. La crisis epistemológica resultante induce a la duda o a la rebelión. La falta de un soporte seguro genera una frenética actividad orientada a una reestructuración del sistema. Para muchos sujetos, este periodo crítico ofrece la ocasión para probar con mejor o peor fortuna todo aquello que está prohibido (sexo, drogas, alcohol, desobediencia, indisciplina, etc.); para otros, constituye un periodo atormentado lleno de dudas, escrúpulos y sentimientos de culpabilidad, constituyendo el terreno abonado para la eclosión de determinadas patologías, entre ellas la esquizofrenia, las adicciones y, naturalmente, las obsesiones. Otros, finalmente, consiguen discriminar lo que es bueno y lo que es malo para ellos y para los demás gracias a la formación de una conciencia *autónoma,* en la que se integran el respeto a las normas sociales y el bien común con los intereses propios.

Neutralizar el sentimiento de culpabilidad

Quienes no se atreven a conculcar la ley o experimentan sus tendencias egoístas como incompatibles con ella o con el bien común viven con particular culpabilidad no solo sus acciones «perversas», sino incluso los pensamientos referidos a ellas. Esta culpabilidad constituye una amenaza para todo el sistema epistemológico e introduce la duda sobre la fiabilidad de las propias tendencias y reacciones emocionales. A partir del momento en que ni siquiera las propias emociones y sensaciones constituyen un criterio fiable para la acción, la duda se generaliza, afectando a otros instrumentos de conocimiento, incluida la propia capacidad de razonamiento. En caso de no conseguir neutralizar la amenaza, el sistema tiende a reforzar la adhesión a los criterios externos en sustitución de los internos. De este modo, el pensamiento mágico toma el lugar del racional, la acción compulsiva la de la acción voluntaria, la rumiación la de la capacidad reflexiva o de abstracción.

Este es el contexto de formación de la estructura epistemológica obsesiva. La crisis moral actúa de desencadenante de una crisis epistemológica más general que, en esencia, consiste en una enajenación de la propia capacidad de decisión: no se puede decidir no solo lo que es bueno o malo en sí, sino lo que quiero o no quiero como bueno o malo para mí, aquello que siento y aquello que pienso. Naturalmente, este recorrido particular que sigue la conciencia obsesiva tiene su base en una estructura emocional ambivalente, pero se desencadena en un contexto de crisis de criterios morales.

La criteriología moral es tan importante porque la acción humana se caracteriza por su dimensión ética, dada su incidencia inevitable sobre los demás y sobre la propia existencia. No existen guías naturales para la acción moral y las culturales son arbitrarias o convencionales. El sistema epistemológico moral debe construirse, pues, en el vacío, integrando las propias tendencias prenómicas y anómicas (egocentradas) con las culturales y sociales (alocentradas), en una síntesis superior en la que el respeto por las convenciones sociales sea fruto más bien de la comprensión de estas que del temor al castigo.

El primer nivel de integración entre las tendencias egocentradas y las alocentradas da lugar a la formación de la regulación heteronómica. En ella predomina la necesidad de reconocimiento ajeno, particularmente observable en los méritos mensurables por los logros, la perfección o la excelencia, indicadores de la asunción de los criterios de valor social. Para ello es necesario evitar los errores o fallos, por una parte, y, por otra, alcanzar metas y objetivos que coticen al alza en un contexto social determinado. Y todo ello, si es posible, sin pérdida de espontaneidad, ni de capacidad de decisión propias. Esta, en síntesis, parece ser el sentido de la demanda de Laura, de 34 años, que acude a terapia con el objetivo de:

> *Saber tomar decisiones, que no me importen tanto los errores, las equivocaciones, la culpa. Ser más espontánea, disfrutar más de la vida, poder ser más feliz con todo ello. Ser capaz de ponerme metas y llegar a ellas, aunque me den miedo las decisiones.*

Añade un comentario en relación a las dudas que le suscita el diagnóstico:

> *La otra vez que fui al psicólogo me dijeron que tenía* TOC. *Y esto también lo quería hablar contigo, porque no tengo claro hasta qué punto es esto. O, más bien, como quiero prevenir errores y fallos y no quiero hacer nada mal, me invento normas para evitarlos.*

Estas normas se van instaurando progresivamente en su quehacer cotidiano a partir de la aparición de un papiloma plantar, diagnosticado como altamente contagioso, que contrajo 15 años atrás. La gestión de esas «normas» de carácter preventivo higiénico llega a hacer la vida imposible a quienes conviven con ella, sus padres adoptivos, que acaban por cambiar de vivienda, dejándole para ella sola toda la casa.

> *Cuando fui a la psicóloga, me planté ante mis padres adoptivos y les dije que yo no podía seguir en casa, porque yo no podía estudiar e intentar tranquilizarme de lo mío. Yo me quería ir a Madrid, pero mis padres me suplicaron que no me fuera, que yo era lo único que tenían y que me tenía que quedar con ellos. Y mis padres, que tenían otro piso ahí cerca, se trasladaron a vivir allí y yo me quedé viviendo sola en la misma casa de toda la vida.*

Indagando sobre el sentido último de estas conductas preventivas, a la pregunta sobre qué quería evitar con la conducta de limpiar, responde:

L.: *El contagio, volver a tenerlo y tener que arrepentirme... Quería evitar que pasara algo malo. Sentía que tenía el control, porque si nadie más tenía cuidado y yo podía tenerlo, debía intentar que los demás lo tuvieran para evitarlo.*
T.: *¿Pero tú tenías capacidad para evitar el contagio?*
L.: *Si, sí. Yo creía que era la responsable plena de evitarlo; porque la que tuvo el papiloma soy yo. La que pudo haberlo dejado por casa soy yo, con lo cual sería yo la causa de que se propagara. Al principio me daba igual el papiloma, pero luego empecé a cogerle un poco de miedo, y cada vez más. Y al final me había montado una película. De hecho, las normas las empecé a montar un año después de haberlo tenido.*
T.: *¿Y qué intentabas evitar con las normas?*
L.: *La culpa. Evitar arrepentirme de volver a tenerlo yo o a contagiar a alguien. Y luego se convirtió en intentar evitar arrepentirme de que más cosas estén mal. Porque cada vez voy a estar más incómoda en mi casa, y cada vez tengo más cosas mal. Y como me he arrepentido tantas veces, cada vez que he intentado pasar de ellas, no puedo. Porque voy a arrepentirme y voy a bloquearme y paralizarme y tengo que evitarlo como sea.*

Hasta aquí una historia más de las muchas que hemos visto, en la que la conducta preventiva está motivada por el miedo a la culpa de ser la causa de transmisión de una enfermedad. ¿Pero cómo puede una persona sentirse culpable de un posible contagio de una enfermedad que ha contraído de forma totalmente involuntaria, tal vez en una piscina pública? ¿Qué es lo que está en juego en ese temor exagerado que la lleva a desarrollar el TOC?

La respuesta intuitiva está clara: el sentimiento de culpa, por atribuirse la causa de un mal contraído por ella y potencialmente contagiarlo a los que conviven con ella, llevado al extremo de tener que distanciarse de ellos, en una especie de autoconfinamiento.

No obstante, las conductas de confinamiento, como hemos tenido ocasión de experimentar con motivo de la COVID-19, forman parte de las medidas de gestión colectiva de una epidemia. Lo que diferencia una situación de otra, sin embargo, no es la decisión del confinamiento en sí, sino la motivación que la produce, que en el caso de la pandemia puede estar razonablemente justificado por motivos sanitarios, mientras que en el caso de la paciente que nos ocupa está orientado a evitar el sentimiento de culpa, que se derivaría de la propagación del contagio.

Ahora bien, ¿por qué resulta tan importante para Laura prevenir el sentimiento de culpa, evitando tener que arrepentirse de haber causado un daño involuntario, «controlable», según ella, a través de la prevención higiénica y la evitación del contacto, que la llevará finalmente a la separación física de la familia? ¿Qué es lo que está en juego en esta relación?

La invalidación originaria

La respuesta a estas preguntas hay que buscarla en el contexto biográfico o existencial de la paciente. Si nos retrotraemos a sus orígenes, la primera observación que debemos destacar es que ella no es hija natural de sus padres, sino adoptada. El motivo de esta adopción no fue nunca explicado claramente. Solo pudo reconstruirlo fragmentariamente a partir de la hospitalización del padre, que le permitió acceder por su cuenta a documentación relativa al proceso de adopción.

Laura, desde siempre, ha querido conocer sus orígenes, quiénes eran sus padres biológicos, pues le llamaba la atención que no se pareciera a ninguno de su familia adoptiva. Encontrar un parecido con alguien hubiese significado una conexión con sus raíces, que le permitiera sentirse «hija d'algo» *(hidalga)*. Tiene la sensación de una existencia fragmentaria, compuesta de piezas sueltas que no sabe cómo encajar:

> *Es como si tuviera un libro roto con muchas hojas y yo las tuviera que ordenar, porque solo si las ordenara el libro tendría sentido, si lo leo entero y seguido. Pero con todas las hojas sueltas, un poco aquí y un poco allí, no puedo leerlo… Si lo consiguiera, vería quién soy yo plenamente. Me sentiría mejor como persona, me entendería más a mí misma, me*

> *conocería mejor y podría aprender de otras personas que han tenido, en parte, mi misma personalidad o mí misma genética, para no cometer los mismos errores. O saber las tendencias que puedo tener si, por ejemplo, soy obsesiva porque mis padres me han hecho obsesiva con tanta perfección, o si lo soy innatamente.*

La razón de esta ocultación respecto de sus orígenes tiene que ver con el mismo motivo de su adopción. Hija de madre soltera, fue adoptada recién nacida por un matrimonio sin hijos, que le llevaba 50 años. Los padres adoptivos se presentaron siempre socialmente como los padres biológicos, de modo que para ellos este era un tema tabú.

A través de la investigación llevada a cabo entre los papeles del padre, Laura averigua quién es su madre biológica y se pone en contacto con ella, que es drogodependiente y enferma de sida. Se entera, a su vez, que tiene un hermano biológico que no quiere saber nada de la madre, pues le había dado muy mala vida viviendo en caravanas y de forma errática.

Entiende que los padres adoptivos se lo hayan querido ocultar, pero hubiera preferido que le hablaran de esto, pues cree que la sobreprotección le ha impedido madurar como persona. También cree que fueron muy exigentes, pues lo esperaban todo de ella, y la tenían como una niña idílica:

> La contemplaban como bailaba, todos querían sacarla de paseo y admiraban sus dibujos. Era como un juguete para toda la familia, puesto que los otros primos ya eran todos mayores cuando ella llegó a la familia y se convirtió en el foco de atención de todo el mundo.

Un cóctel biográfico perfecto para asentar la base de un trastorno obsesivo. A falta de una validación ontológica ya en sus orígenes, cedida por la madre y entregada en adopción, o, en su defecto, en ausencia de una estima narcisista aristocrática («valgo por hidalgo», *hija d'algo)*, Laura desarrolla la necesidad de una estima narcisista *meritocrática* (Villegas, 2022): no valgo por lo que soy, sino por lo que hago («tanto hago, tanto valgo»). De ahí surge la necesidad de perfección, la dependencia de la validación ajena (la duda) y el miedo al error o al fallo (la culpa).

El hecho de haber contraído el papiloma y poder contagiarlo dispara la preocupación obsesiva que intenta controlar a través de la prevención y los rituales de limpieza que, como dice ella, presentaba ya desde su infancia:

> *Hubo una temporada en que me dio por lavarme las manos. Por ejemplo, iba al baño y tenía que lavarme las manos tres veces: una por levantar la tapa, otra por hacer pis y otra por bajar la tapa... Mis padres no le daban importancia, simplemente me querían quitar el jabón. Y una tía mía me lo daba por detrás para que pudiera seguir lavándome las manos a escondidas.*

La historia de Laura remite a una génesis de la obsesión basada en una necesidad de validación meritocrática con la que contrarrestar la invalidación ontológica del abandono originario, que los padres adoptivos querían ocultar por considerarlo deshonroso y vergonzante. Expulsada del paraíso, marcada por el pecado de origen, debe vivir su vida justificando el derecho a la existencia a través de los ritos de purificación.

Noogénesis de la construcción obsesiva

En realidad, la idea de un pecado de origen, el pecado original, es una construcción mítica para dar cuenta de un fenómeno universal, la angustia existencial. El ser humano es el único animal que no solo tiene que explicarse su existencia, sino justificarla, llenándola de sentido. La pregunta por el sentido no solo se refiere al origen o a la causa ¿por qué estoy aquí? (explicación), sino sobre todo a la *finalidad:* ¿para qué estoy aquí? Es en relación a esta pregunta donde se establecen los fundamentos de la dimensión ética o moral de la existencia.

El estado originario del ser humano es la deyección, estar dejado ahí, ser lanzado al mundo. La posición deyecta se halla en el origen de la angustia existencial, es la percepción del vacío, el *horror vacui,* el horror de la muerte en cuanto espejo del vacío de la vida. Todo el proceso de la existencia es un intento de llenar este vacío, proyectando un sentido en forma de historia (narrativas). Hay que justificar la existencia. Lo que la *justifica* es el proyecto, puesto que la ausencia de proyección es deyección (depresión). El proyecto determina la acción: aquello que hay que hacer o que es coherente hacer para otorgar sentido a la existencia. Constituye la respuesta a una de las preguntas kantianas: ¿qué debo hacer?

La ilustre fregona

También Ceci, en un momento de su terapia en que confiesa sentir su existencia vacía, se hace esta misma pregunta.

> T.: *Este es el tema. ¿Por qué hemos de justificar la existencia? Porque cuando decimos que hemos de justificar la libertad, significa que hemos de justificar la existencia. Esta es la cuestión. ¿Por qué, después de nacer, empezamos a pedir que se justifique el individuo? «A ver, usted, ¡justifíquese! ¿Por qué está aquí en el mundo? A ver, usted, tal como es no puede estar en este mundo, ¡tiene que hacer algo!».*
> C.: *Me gustaría ser como cuando nací, no hacer nada, estar en la cuna.*
> T.: *Pero es que tú no lo haces para disfrutar, lo haces para estar bien contigo misma. Porque te justificas limpiando… La Ilustre Fregona, como la llamaba Cervantes, se justifica limpiando…*
> C.: *Sí, sí. ¿Sabes qué pasa? Que yo no tengo vida propia… ¡Mi gente está bien cuidada, porque yo se lo doy todo! ¡Todo, absolutamente todo! Yo soy para ellos… O sea, yo a veces pienso que, si yo no estuviera, se iría todo al carajo. Y a veces dice mi marido «Pues no; porque no eres imprescindible». Lo que me pasa a mí, yo creo que nos pasa a la mayoría de mujeres, que sentimos que no tenemos vida propia y que, sin embargo, los de nuestra casa sí la tienen. Y entonces eso a mí me subleva… ¿Por qué no la tenemos?*
> T.: *Pues porque no te sentirías en paz contigo misma si no hicieras lo que haces. Porque eso es la justificación de tu existencia. Si te presentaras*

delante del tribunal de Dios, ¿te imaginas que Dios te preguntara si ya limpiaste bien? Eso es lo que crees que te preguntaría, y eso es lo que te está torturando. Pero el juicio de Dios no es ese porque Dios creó al hombre para ser, no para limpiar...

Una mirada antropofilosófica

Los grupos humanos a través de sus organizaciones sociales establecen estructuras de significado en las que ubicar la existencia personal en el cumplimiento de un rol. El proyecto de las sociedades primitivas es la subsistencia. Se trata de un proyecto colectivo o tribal. La lucha por la supervivencia *justifica la existencia*. Las mujeres contribuyen a la subsistencia con la procreación y el cuidado de los hijos, la recolección, las tareas domésticas: tejer, preparar los alimentos, etc. Los hombres salen a cazar o a pescar, combaten para defender o expandir el territorio, etc. Todas estas tareas que lleva a cabo el individuo en consonancia con este proyecto son motivo de satisfacción, orgullo o autoestima, en la medida en que *justifican* la existencia de cada uno de los individuos o de un pueblo en su conjunto. Tales realizaciones son vividas como resultado de su esfuerzo o actividad propios, de modo que el individuo o la colectividad se sienten agentes causales de sus acciones y de sus logros.

Existen áreas, sin embargo, que escapan al control o al dominio del hombre, como la muerte o la enfermedad. Estas suscitan de nuevo la angustia original. El hombre primitivo recurre a la magia, a los ritos —más tarde convertidos en religión— para protegerse de los males que le acechan. Con el devenir de la «civilización» elabora complejos sistemas filosóficos para dar explicación del mundo que lo rodea y de cuanto le preocupa, o intenta hacer frente a sus problemas a través del conocimiento científico y de la tecnología aplicada. La ciencia presenta ciertos logros materiales evidentes que se transforman, a los ojos del hombre moderno, en ilusiones prometeicas de inmortalidad y omnipotencia: terapia genética, creación de mundos virtuales ilimitados, inteligencia artificial. Se trata de vencer la angustia de la finitud; pero esta se reintroduce por las múltiples rendijas que la ciencia y la técnica son incapaces de tapar.

Supongamos que los avances médicos nos asegurasen una vida tan larga como la de Matusalén, neutralizar todas las enfermedades y erradicar las epidemias. ¿Qué podría protegernos contra la idea de la muerte por accidente natural o mecánico, o por aburrimiento y suicidio? ¿Cómo nos pondríamos a salvo de los posibles fallos en los coches, aviones, barcos o ascensores? ¿De qué manera podríamos sustraernos de los efectos de los terremotos y maremotos, de los rayos, los tifones, las inundaciones y los incendios, de las sequías, de las alteraciones del cambio climático o de los meteoritos que pueden caer del cielo? Toda la humanidad terminaría por volverse obsesiva si tratara de obtener un control absoluto sobre lo imprevisible, reduciendo su existencia a un espacio cada vez más limitado, como el del multimillonario estadounidense que terminó por vivir encerrado en un búnker de lujo en un ático del Central Park durante los últimos años de su vida por miedo a sufrir algún atraco que mermara su fortuna o su integridad física.

Una existencia justificada integra la muerte como aceptación del horizonte de la vida, en el que esta se convierte en historia. En el contexto de vida delimitada por la muerte («nuestras vidas son los ríos que van a dar a la mar que es el morir»), la existencia adquiere sentido en su proyección en el tiempo. Toda la psicopatología podría ser comprendida, en consecuencia, como un fracaso en el proceso de construir un *proyecto existencial*. Incluso el delirio esquizofrénico puede entenderse como el intento de construir un mundo alternativo, una proyección en la que justificar los miedos terroríficos o la exaltación de la manía.

Con muy buen criterio la psicología actual ha recuperado la dimensión histórica o narrativa de la existencia humana. Pero con frecuencia esta perspectiva narrativa se limita a considerar al sujeto de forma pasiva, como el protagonista de una tragedia a quien suceden las cosas fuera de su alcance. Se detiene la psicología narrativa en comprender cómo siente, cómo experimenta, cómo vive emocionalmente la historia, cómo construye semánticamente el relato, pero no atiende al compromiso ético del sujeto con sus actos. La dimensión «pática» sustituye la «ética». La hermenéutica resultante de este enfoque es una versión débil, como todo lo posmoderno, en la que es más importante comprender que transformar, olvidando que la comprensión no tiene sentido, ni es tal, sin el cambio. Lo que disfrazamos de comprensión no es otra cosa que explicación, nueva forma de alienar o alejar al sujeto de sus actos.

De este modo, el discurso psicologizante termina, de nuevo, por ser reductivo. Da igual que sea la genética, la bioquímica, los refuerzos ambientales o el discurso social el que explique el comportamiento de las personas; lo importante es que estas son víctimas y no gestoras de sí mismas. No es casual que, plenamente consciente de estas implicaciones, Gergen (1999) se haya planteado la problemática ética que se deriva de la visión construccionista o posmoderna.

La perspectiva psicologizante reduce las crisis existenciales a enfermedades, los conflictos pasionales a trastornos mentales. No queda espacio para la *respon*sabilidad, entendida como forma de *respon*der al llamado de la existencia, de dar respuesta a los dilemas que esta nos plantea. Esta exigencia está muy clara en el planteamiento obsesivo. Por eso es el más próximo a los planteamientos éticos. El obsesivo vive de forma angustiosa el vacío de su existencia, dado que no le sirve de excusa cualquier otro tipo de justificaciones. Busca, en consecuencia, en el absoluto alguna realización sin fisura que permita llenar totalmente el vacío: la pureza, la honestidad, la integridad, etc.

Pero al igual que los atributos divinos, los obsesivos solo pueden definirse de forma negativa: negación de finitud (in-finito), negación de mortalidad (in-mortal), negación de comprensión (in-e-fable). Del mismo modo, la concepción que el obsesivo tiene del bien es negativa, entendida como ausencia del mal; la limpieza, como ausencia de suciedad; la pureza, como ausencia de contaminación; la integridad, como ausencia de daño; el orden, como ausencia de caos. Por eso, toda su energía está orientada a evitar la aparición de cualquier imperfección y la imposibilidad de conseguirlo de forma definitiva lo mantiene, a la vez que intensamente ocupado, eternamente en vilo. Este es su *proyecto existencial*: un proyecto negativo orientado a evitar todo defecto, con lo que se está impidiendo ser. Será tarea del proceso terapéutico posibilitar un camino para llegar a convertirse en persona autónoma.

8. La psicoterapia de la obsesión

Yo fui loco y ya soy cuerdo; fui don Quijote de la Mancha y soy agora, como he dicho, Alonso Quijano el Bueno. Pueda con vuestras mercedes mi arrepentimiento y mi verdad volverme a la estimación que de mí se tenía

Miguel de Cervantes

Las posibilidades de la psicoterapia en la obsesión

Hemos visto que el obsesivo dudaba porque no podía fiarse de sí mismo. Y no podía fiarse de sí mismo porque su bloqueo emocional le impedía reconocer sus propias emociones como tales: «distinguir —como decía el paciente— lo que es propio de lo que es ajeno». La falta de fiabilidad de las propias emociones y de la identificación de los marcadores fisiológicos de la elección lleva al obsesivo a sustituir la confianza en sí mismo por la rigidez de las normas y los criterios externos. Estos suplen las funciones de aquellos y, dado que son externos, deben ser absolutos e inalterables. De lo contrario, nos podrían engañar fácilmente, puesto que no hay modo de poder evaluarlos desde dentro.

De este modo, cree el obsesivo alcanzar algún tipo de control sobre los criterios que utiliza para basar su *seguridad.* La limpieza siempre puede someterse a la prueba del algodón. Los ritos pueden repetirse un número determinado de veces —en este factor reside gran parte de su eficacia— o bien reiterarse sistemáticamente cada vez que se da una situación determinada. El comportamiento moral puede regularse por leyes y prohibiciones estrictas. El conocimiento puede basarse en demostraciones científicas o en la autoridad de los maestros. Las palabras de amor pueden sustentarse en juramentos ante el altar o sobre las Sagradas Escrituras. La obsesión no admite complejidad, ambigüedad o duda.

Ante este panorama, la intervención terapéutica no es fácil. Primero, porque la psicoterapia no puede convertirse en el referente criteriológico, sustituyendo el proceso de formación de los propios criterios del paciente, ni el terapeuta debe transformarse en la figura de autoridad que calme su conciencia. Segundo, porque todo proceso terapéutico abre una grieta profunda en el sistema epistemológico del sujeto aprovechando la crisis estructural en el que se halla, a fin de facilitar su crecimiento o desarrollo, potenciando de este modo la ansiedad inherente a la crisis con el riesgo de reforzar el nivel de desconfianza y resistencia.

Técnicas de intervención

Diversos son los métodos terapéuticos que se han propuesto para el tratamiento del TOC, entre los cuales destaca en primera línea la terapia cognitivo-conductual de exposición con prevención de la respuesta (EPR), consistente en el afrontamiento de una situación de contacto con los estímulos ansiógenos (exposición imaginaria o en vivo), seguida de un período de inhibición de la respuesta (prevención) suficiente para permitir gestionar la ansiedad de manera disociada del ritual o de las conductas de comprobación (Geffken *et al.*, 2004; Huppert, *et al.*, 2005; Dèttore *et al.*, 2015; Abramowitz, *et al.*, 2018). Esta técnica puede practicarse con el apoyo directo del terapeuta, pero pretende conseguir que el paciente sea capaz de llevarla a cabo por sí mismo. La exposición al estímulo persiste, comenta Luppino (2021), «hasta la reducción espontánea del malestar del paciente. Paralelamente, el recurso a técnicas cognitivas facilita la corrección de las creencias catastrofistas, subyacentes a la sintomatología».

Las técnicas cognitivo-conductuales están centradas en el manejo de los síntomas, difiriendo las respuestas, como también lo están las técnicas de la terapia breve estratégica (Nardone y Salvini, 2013), aunque con la lógica inversa, la de hacer explosionar los rituales con contrarrituales:

> Desde ahora a la próxima vez que nos veamos, cada vez que pongas en acto uno de tus rituales, lo deberás hacer cinco veces, ni una más, ni una menos. Puedes evitar hacerlo, pero si lo haces una vez, lo deberás hacer cinco veces, ni una menos ni una más. Puedes no hacerlo, pero si haces uno, harás cinco.

A estas modalidades de intervención terapéutica activas o prescriptivas puede contraponerse o complementarse, según se mire, la propuesta del *mindfulness* (Gasnier, *et al.*, 2017; Hershfield y Corboy, 2020), ya que es capaz, como dice Barcaccia (2021) de favorecer el desarrollo de un estado mental antiobsesivo, ayudando a la persona a darse cuenta del momento en que aparece el pensamiento intrusivo, a reconocerlo como tal y a dejarlo ir. De modo que podrá beneficiar el tratamiento, «permitiendo a los pacientes experimentar la futilidad de sus propias estrategias de control, aumentar la flexibilidad y el descentramiento con respecto a estas experiencias que tratan de controlar en vano».

Un objetivo común a todas estas estrategias de intervención terapéutica es conseguir una mayor flexibilidad en el manejo de la ansiedad producida por los temores obsesivos de los pacientes a través de acciones de control, sean estas de comprobación, prevención, rumiativas o ritualísticas. Estas acciones, como hemos indicado en distintos pasajes de este libro, no son patrimonio exclusivo de los obsesivos, sino que constituyen solo la exageración, con grave riesgo de disfuncionalidad, de recursos operativos que usamos todos habitualmente ante situaciones de duda, como, por ejemplo, comprobar el cierre de la llave de paso del gas o el de la puerta de la calle antes de irnos de viaje. La diferencia estriba solo en el desajuste o la desproporción entre la aplicación de los actos de comprobación y la consecución de la seguridad o certeza respecto a la duda surgida. Eso implica que debe haber un momento en que, para que los actos de comprobación o prevención sean eficaces, se debe conseguir la desactivación de la ansiedad y la sensación de seguridad o certeza o, en su defecto, la aceptación de la posibilidad de error, fallo, omisión o defecto, dando paso a una mayor flexibilidad.

La perfección imperfecta

Una anécdota, proveniente del budismo zen japonés, explica que un novicio tenía a su cuidado el mantenimiento de un pequeño templo. Llevado por su celo monacal, dedicaba la mayor parte de las horas del día a la limpieza y el orden, tanto del interior como del exterior del templo. Ante la noticia de que el maestro de los novicios iba a visitarle aquel día, su celo se extremó aún más: limpió con el máximo rigor todos los rincones, abrillantó las partes metálicas de estatuas, candelabros y manijas de las puertas; repasó con especial cuidado todos los recovecos del jardín, recogiendo una por una todas las hojas que pudiera haber esparcidas por el suelo. Una vez terminada su tarea, se sentó sobre las gradas que daban acceso al pequeño templo en actitud de humilde espera, manteniendo, no obstante, ojo avizor para detectar cualquier alteración que pudiera producirse mientras tanto, particularmente alguna hoja que pudiera caer del árbol o que pudiera traer el viento. En esta situación se presentó de improviso el anciano maestro, al que el monje saludó respetuosamente. Después de dirigir su mirada circunspecta por todo el entorno, se acercó el maestro de novicios, apoyado en su báculo, a un tilo que presidía el jardín y dándole una sacudida al árbol con la punta de su cayado, dijo por toda palabra: «¡Ahora!». Luego se alejó, mientras algunas hojas del tilo iban cayendo, balanceándose suavemente sobre el suelo.

Del orden al disfrute

La moraleja del cuento zen nos advierte de la necesidad de respetar la jerarquía de las cosas, poniendo el orden o la limpieza al servicio del ser humano y no al revés, el ser humano a su servicio. Como reza aquel aforismo evangélico: «el sábado ha sido hecho para el hombre, y no el hombre para el sábado» (Mc 2,28). El cambio de perspectiva que supone considerar el orden o la limpieza como algo funcional y no como un valor absoluto se pone de manifiesto en el giro de paradigma sufrido por la gurú del orden, Marie Kondo, quien en su quinto libro, «El método kurashi» (Kondo, 2023), cambia el enfoque del orden del espacio físico para dedicarse a disfrutar del tiempo con sus hijos pequeños.

> Hasta ahora, era una limpiadora profesional, así que hice todo lo posible para mantener mi casa ordenada en todo momento… Pero ahora me he dado por vencida; me doy cuenta de que lo que es importante para mí es disfrutar el tiempo que paso en casa con mis hijos… Me digo a mí misma: «Tienes diferentes prioridades y en este momento lo que me genera alegría es jugar con mis hijos, pasar un rato divertido con ellos, y está bien si está un poco desordenado». No quiero perder el tiempo enfadándome. Tus hijos solo son pequeños una vez, así que no te preocupes, disfruta ese momento[…]. Mi estilo de vida ha cambiado totalmente […]. Ahora quiero pasar más tiempo con mi familia[…]. Mi casa está desordenada, pero la forma en que paso mi tiempo es la correcta para mí en este momento y en esta etapa de mi vida.

El proceso terapéutico

Tal vez, más interesantes que las técnicas que podamos imaginar o aplicar los terapeutas, son los procesos autocurativos que llevan a cabo los propios pacientes que consiguen romper el círculo obsesivo, en cuya ausencia cualquier intento terapéutico resulta vano, carente de eficacia. Esto explica, a su vez, fenómenos tan comunes como la resistencia al cambio o las recaídas. Para poder adentrarnos en su comprensión, el mejor método es el análisis del discurso del propio paciente.

La primavera ha venido, nadie sabe cómo ha sido

Generalmente, el proceso de superación de una obsesión es progresivo, no acontece de un día para otro, aunque puede suceder de una manera más o menos consciente, más o menos espontánea o reflexiva. Se acerca el fin de curso y Ceci, la paciente hipocondríaca a la que nos hemos referido ampliamente en los capítulos anteriores, se plantea si debería pedir el alta, porque últimamente está mejor.

> C.: *Ahora estoy bastante bien, la verdad es que sí. A ver, yo siempre seré aprensiva, esto lo tengo asimilado, nerviosa, aprensiva. Siempre lo seré, porque creo que es mi carácter. Pero bueno, si soy así con menos miedo, me conformo. Ya no estoy mareada, hace poco me sorprendí a mí misma. Siempre estaba mareada, mareada y mareada. Y de la noche a la mañana, ha marchado. Ay, no quiero decirlo, me da tanto miedo decirlo.*
> T.: *¡Qué bien; nos alegramos!*
> C.: *Sí, lo que pasa es que se cambia y no sabes cómo. A ver, es que viene solo. Porque, por ejemplo, esto de las pastillas, también, no me preguntes cómo las he dejado, porque no he dicho «las voy a dejar, las dejo, mañana no tomo o voy a hacerlo progresivo». No. Ha venido solo, porque me he encontrado un poco mejor, no me lo he tomado porque no me he acordado. Es que no sé cómo explicarlo… Son procesos que no te das cuenta y los vas dejando, es lo mismo que lo del mareo. No estaba mareada ni un día, ni dos, ni tres. Yo he estado meses, a diario, mareada, y no sé cómo se me ha ido, no me he dado cuenta. Es que viene solo. Por lo menos, yo estoy hablando de mi caso. Quizás es porque vengo aquí o porque he cambiado de conducta. Pero no sé por qué, ha cambiado, ha salido solo, ha surgido solo. Porque estos días me estoy preguntando, sobre todo, el síntoma que tenía que más me daba era el mareo, una sensación de inestabilidad,*

una cosa rarísima y es que se ha ido y no sé por qué... Puede ser que no le dé importancia, pero ¿por qué he dejado de darle importancia? Es que no lo sé. Quizás es una cosa que ha llegado y... se me ha ido de golpe. Es que no sé por qué. No puedo decirte. Pues mira: ¿por qué empecé a dejar el Diazepam? Porque he empezado, porque ahora me tomo las cosas de otra manera, me tomo las cosas un poquito igual... Sigo siendo nerviosa, sigo limpiando... Y sigo controlando también aquello de que esté la comida preparada. Sigo siendo así. Y, sin embargo, se ha ido. Habré hecho algún cambio y no me he dado cuenta. Quizá he asumido aquello de la muerte, el sufrimiento; quizá lo he asumido sin darme cuenta. Porque me duele cuando pega el pinchazo y digo «ostras, ¡ufff!, qué dolor! ¿Qué será esto?». Pero es que me dura muy poco el pensamiento. Pero de verdad, me gustaría decir el porqué, pero es que no lo sé.

T.: *También me gustaría saberlo a mí, pero bueno...*

C.: *No sé por qué me lo pregunto tanto.*

T.: *A veces es esa sensación de proceso espontáneo...*

C.: *Eso es, ha sido espontáneo.*

T.: *Sí, mucho más, diríamos, agradable, que no una cosa que dices...*

C.: *Me lo he currado.*

T.: *Hombre, claro que te lo has currado, pero es de otra manera, ¿no? O sea, no es un objetivo. El objetivo, como tú has dicho muy bien, a lo mejor es aceptar, es flexibilizar... O sea, admitir que me gusta que las cosas estén bien, pero si un día alguna está mal, pues no pasa nada. O sea, ese aflojamiento de la tensión mental que facilita vivir las cosas de otra manera. Cuando un barco de vela va por el mar y hay tormenta, lo que tienen que hacer es plegar las velas, porque, si lleva las velas extendidas, el viento lo puede tumbar. Es plegar las velas cuando hay tormenta y desplegarlas cuando el viento va a favor; es esa flexibilidad, no querer mantener allí la vela desplegada a toda costa... Y si la mantienes, te tumba, ¿no? Pues eso... Lo mismo que el árbol o la caña. La caña no se rompe. ¿Por qué? Pues porque, cuando le pega el viento, se dobla. Y cuando deja de darle el viento se vuelve a poner derecha otra vez. Esa flexibilidad, posiblemente se produce de manera gradual, para seguir, diríamos, aflojando la autoexigencia, aflojando el control...*

C.: *Pero ha sido sin darme cuenta.*

T.: *Eso es.*
C.: *Claro, es que yo me acuerdo que a veces me hacía la pregunta «¿pero cómo lo hago?». A ver, sí, vale, todo muy bien, entiendo todas las explicaciones, la teoría está muy bien: pero bueno, ¿cómo llevarlo a la práctica? ¿Cómo dejo yo de limpiar? ¿Cómo dejo de pensar? Pues, no sé. He dejado, ¡pero no lo sé! No sé cómo explicarlo.*
T.: *Pero mientras piensas cómo dejas de pensar, estás pensando. «No pienses en una jirafa»... Si digo prohibido pensar en una jirafa, todo el mundo piensa en la jirafa. En cuanto tú quieres expresamente dejar de pensar algo, estás pensando en ello... Por eso viene mucho mejor de forma relajada; digamos que se va sola, se disuelve, más que se resuelve.*
C.: *Mi problema era el miedo a morirme y el miedo a coger una enfermedad de morirme... A mí eso es lo que me da miedo. No quiero morirme, no quiero sufrir y no me quiero morir joven y no quiero tener un cáncer ni que se me caiga el pelo ni ningún lugar donde dejar a mis hijos, ¿vale? Pero eso lo sigo pensando. Pero no me da miedo, ¡eh! Porque además, a la vez, voy notando que tengo menos papeletas.*
T.: *Yo creo que has aprendido una cosa, que quizás, alguna vez, ya hemos dicho. A lo mejor no lo has pensado así, pero lo has vivido así. Es que «el hecho de no querer morir te impedía vivir».*
C.: *Sí, sí, sí. Es que esto es así.*
T.: *Vale. Entonces llega un momento en que el cerebro hace un balance distinto y dice «de esta manera, lo que pasa es que no vivo. Por tanto, para poder vivir, necesito aceptar morir».*
C.: *Que me tengo que morir... Es que me he rendido.*
T.: *Te has rendido, esto es, muy bien.*
C.: *¡Eh! Ahora me ha salido lo que siento: me he rendido.*
T.: *Bueno, has dejado de luchar por el control de la vida y de la muerte.*
C.: Sí, sí. Exacto; he dejado, me he cansado, he aceptado, me he rendido con eso que llevaba yo dentro; me he rendido. «Que sea lo que Dios quiera». Pero me he rendido porque me he cansado. Me he cansado. Estaba cansada de tener que estar siempre con ese pensamiento, con esa lucha.
T.: *Estabas cansada de estar cansada.*
C.: *Sí. Estaba cansada y creo que me he rendido y ha sido automático. Rendirme y dejar de pensar.*

T.: *Exacto. Sí, «me he rendido, lo he aceptado». He aflojado.*
C.: *He bajado la guardia. He dejado de estar en alerta. Todo es lo mismo, pero ya no es una obsesión. Yo sigo pensando, pero ya no me obsesiona. Ya veo que tengo las mismas posibilidades que cualquiera. Mi obsesión y mi manía eran que solo las tenía yo. Era una paranoia. Ya pienso que las tengo que tener, pero las tengo como todo el mundo… Ya era hora, ya era hora… Me he rendido, me he rendido. Y si vuelve, pues bueno, seguiremos aquí. Ya está, no me preocupa de verdad… Si vuelve, me volveré a rendir. Me dejaré.*
T.: *Sí, bueno, el mecanismo que describes de la obsesión se cura en el momento en que uno cambia el balance que hace. Si internamente estás haciendo un balance, entonces mientras predomina el de evitar la muerte, no se puede dejar de estar constantemente vigilando. Pero en el momento que uno acepta que no se puede evitar la muerte, entonces cambia el balance y ya deja de estar alerta. Pero es un dejar de estar alerta que no es una conducta, sino una actitud que nace espontáneamente. O sea, que si yo le digo a un paciente como prescripción «tú lo que tienes que hacer, cuando te venga un pensamiento, es no pensar en el pensamiento», le pasará lo de la jirafa: «No pienses en una jirafa» o «distráete». Una cosa es que esto sea el resultado del relajamiento, en el sentido de que me tengo que relajar; otra que dejo de luchar, porque me he rendido.*
C.: *Sí, sí, yo me refiero a esto. Lo que pasa es que muchas veces había pensado en rendirme y no he podido nunca. ¿Por qué ahora sí? ¿Por qué? Muchas veces pensaba «va Ceci, déjalo ya, que sea lo que Dios quiera». Pero no, aquello seguía… Es la primera vez en diez años que siento esto. Desde que empecé con esas cosas raras, esas obsesiones, justo diez años, tenía 29 y ahora tengo 39. No se me olvidará nunca. Y es la primera vez, porque lo de rendirme lo he pensado muchas veces: «ahora, si sales de aquí, venga ya no pienses más, que sea lo que Dios quiera». Pero no, aquello estaba arraigado. Por eso me he rendido muchas veces, pero no sé por qué esta vez ha surtido efecto.*
T.: *A ver, no es porque haya surtido efecto esta vez, sino que el balance se ha invertido. A ti se te invirtió en un día, ¿no? La percepción que tenías de ti misma era que ibas por el mundo como una* superwoman *invencible* [en referencia al origen de su hipocondría].

C.: *Sí, es que además fue... Y es verdad, igual que vino se fue. También fue espontáneo, fue de golpe, fue exactamente así. Sí, porque lo que me pasó fue de golpe, o sea, algo así, en horas. Y esto no sé, si habrá sido en horas o qué, pero bueno, casi sí.*
T.: *Bueno, lo que pasa es que es el resultado de un largo proceso.*
C.: *Largo, claro.*

El proceso de aceptación

Del discurso de Ceci podemos extraer tres conclusiones interesantísimas para comprender el proceso de cambio y remisión de los síntomas en la obsesión.

1) *La espontaneidad.* Esta es una variable personal que en Ceci adquiere un gran relieve, precisamente porque en su caso la entrada en el bucle obsesivo se produjo de forma inesperada —también irreflexiva—, sin darse cuenta. De la misma manera, aunque después de diez años del inicio, y como se insinúa en la misma sesión, después de años de trabajo en terapia, de repente, como quien no quiere la cosa, los síntomas desaparecen, los medicamentos quedan olvidados en la segunda fila del botiquín y las preocupaciones se esfuman como por arte de magia. ¿Qué ha sucedido? Fundamentalmente, dos cosas: un balance de signo opuesto al anterior y la rendición ante la evidencia.

2) *Cambio de balance.* Después del episodio de la insolación de su hija, Ceci desarrolla, por las razones que se han ido explicando ya desde el primer capítulo de este libro, el temor a que ella misma o la niña pudieran tener alguna enfermedad que, a falta de la debida previsión, llegara a desembocar en la muerte. Para hacer frente a este posible desenlace se dispara el sistema de alerta, que se materializa en los constantes análisis de sangre y consultas médicas, característicos de la hipocondría. Este sistema de hipervigilancia limita absolutamente la posibilidad de disfrutar de la vida, de manera que se produce la paradoja que «el hipocondríaco no vive por no morir». Es decir,

la prevención de la muerte impide la vida. La balanza, finalmente, se decanta del otro lado: «mientras que me preocupo por la salud, lo paso mal e igualmente me voy a morir; pues mejor no hacerlo». Piénsese a este propósito que donde dice muerte o enfermedad, podría decir error, fallo o culpa. Lo genérico es la prevención del mal, lo específico es el tipo de mal; sea este moral, físico o mental.

Después de casi once años, la hija de Ceci no se ha muerto (ahora tiene 20 años); ella, la paciente, tampoco, y ha llegado a la conclusión de que se morirá, pero como cualquier otra persona. Ha entrado en el cómputo general, ya no lo personaliza específicamente en ella, como un privilegio narcisístico. Se ha vuelto «como todo el mundo». Mientras hay vida, hay que vivirla. La muerte nos iguala a todos: es inútil pretender escapar a su dominio.

> T.: *Precisamente para eso necesitas integrar. Antes no había conciencia de la muerte, más bien había sensación de inmortalidad. Ahora ha entrado la conciencia de la muerte. Pero ha entrado y lo que ha hecho ha sido desconectarte, porque estabas como todo el día intentando controlarla.*
> C.: *Sí.*
> T.: *Y no te permitía vivir. Antes vivías con total intensidad, porque te sentías inmortal. Ahora se trata de que, sabiendo que eres mortal, te sientas libre para vivir, pero integrando la muerte como parte de la vida, no queriendo evitarla, no haciendo nada para evitarla; porque no se puede hacer nada.*

3) *Rendición como condición para la aceptación.* Precisamente este sentimiento de inutilidad de la lucha por el control es el que le ha permitido a Ceci rendirse.

> C.: *Lo que pasa es que yo creo que esto no puedo ir a buscarlo, tiene que venir. Igual que vino solo se tendrá que ir solo, porque yo no tengo ese poder.*
> T.: *No, claro que no. Pero a base de que de alguna manera renuncies a luchar por controlarlo todo, podrá surgir espontáneamente. Curiosa-*

> *mente, es el resultado más de una renuncia que de una conquista, porque conquistar es el resultado de una acción: si hago uno más dos, más tres, más cuatro me da diez. Pero si acepto que no puedo hacer nada, es el resultado de una inacción. En realidad, de dejar de hacer algo que es contraproducente. Parece paradójico. ¿Cómo una persona hiperresponsable puede a la vez hacer tanto y no hacer nada?*
> C.: *Yo también he pensado a veces «Ceci, tienes que parar», pero no sé cómo. He pensado «va Ceci acaba; para ya, para». Pero no sé cómo. Me levanto y vuelvo a retomar lo mismo.*
> T.: *Claro, tienes que parar de querer controlar, de sentirte tan responsable, tan imprescindible.*
> C.: *Claro; tengo que parar.*

A veces se habla de aceptación como de un acto mágico, omitiendo los procesos anteriores que se suponen. Y, tal vez, la rendición sea el principal. Rendición y renuncia al privilegio narcisista. Seguramente en su ausencia se pueda entender la pregunta que Ceci se hace a sí misma a este propósito, una vez ha conseguido dejar de luchar y ha aceptado rendirse:

> *Lo que pasa es que muchas veces había pensado en rendirme y no había podido nunca. ¿Por qué ahora sí? ¿Por qué?*

Ahora se ha rendido de verdad, porque se ha «cansado», está rendida:

> *Me he rendido porque me he cansado. Me he cansado. Estaba cansada de tener que estar siempre con ese pensamiento, con esa lucha... Y ha sido automático, rendirme y dejar de pensar.*

La expulsión del paraíso de la princesa Siddhartha

La historia de Ceci, y con ella la del origen de una obsesión, puede explicarse muy bien con el mito del paraíso terrenal y la leyenda del príncipe Siddhartha. Ceci llega a este mundo, como todos los mortales, en un estado de inocencia originaria. Nace y crece en el paraíso, acorde con una espontaneidad natural. No existe el mal, ni existe la enfermedad. Hasta los 14 años se regula a través de una anomía sana, simpática y benevolente en ausencia total de una imposición heteronómica externa. No hay ni siquiera discusiones con la madre por cuestiones de orden o limpieza, porque ella es extremadamente cuidadosa de estos hábitos respecto de su ropa, sus cosas y su habitación.

Como el príncipe Siddhartha, lleva una vida despreocupada, protegida por el padre, con quien mantiene una relación lúdica, hasta los 14 años. A los 19 queda embarazada accidentalmente de su hija. Con la aprobación y la ayuda de padres y suegros, se casa y tiene la niña: «Y yo, tan feliz». A sus 25, la niña de 5 años presenta una leucocitosis, sin importancia.

Sin embargo, a los 29 años, la hija, que ya ha cumplido 9 años, sufre un desmayo por insolación. Ceci lo interpreta como síntoma de leucemia. Contribuye a ello no tanto el temprano episodio de leucocitosis sino la muerte reciente de un par de niños, vecinos del barrio, por leucemia. En este momento se produce la expulsión del paraíso. Aparece la conciencia del peligro (enfermedad y muerte), la reacción de pánico, la percepción de un antes y un después, la conciencia de vulnerabilidad, la pérdida de la inocencia, la invalidación de la regulación anómica espontánea, la heteronomía impuesta. La vida muestra su cara ensombrecida, cuando antes lucía un sol radiante:

> T.: *Sin embargo, tú, antes de que pasara esto, te comías el mundo.*
> C.: *Si, me comía el mundo yo antes de esto. Sí, era fuerte... Y yo pienso que como estoy aguantando tantos años tengo que ser fuerte. Pero es que ahora noto mi vulnerabilidad y eso me asusta, porque yo creo que la persona que no lo nota, no tiene tanto miedo. Yo tengo tanto... Yo noto tanto que somos una pluma...*
> T.: *Lo que pasa es que tú tienes una cosa que forma parte de tu problema, que es tu hiperresponsabilidad. O sea, tú eres muy responsable, tanto que no te puedes morir, porque si te murieras, las cosas no podrían funcionar sin ti. Eres necesaria, lo crees, lo piensas, no puedes ni pensar en morirte y por eso, justamente, la conciencia de vulnerabilidad. Por eso te tocó tanto.*

C.: *Exacto.*

T.: *Porque, a ver, potencialmente todos somos vulnerables; no hay quien no sea vulnerable. Pero la diferencia está en que, entre percibir la vulnerabilidad o no percibirla, hay mucho trecho… Si no hubiera pasado esto del desmayo de tu hija, lo que has dicho de estos dos niños, esta información se queda ahí, guardada de momento, sin activarse. Pero potencialmente es una bomba: basta una chispa para que explote. Cuando al cabo de unos meses tu hija va a la playa un día y se desmaya, entonces ¡plin!: leucemia, aviso de leucemia, muerte por leucemia, mi hija se puede morir y yo sin enterarme… Y aquí llega tu hiperresponsabilidad: yo estaba tan tranquila y si me descuido…*

C.: *Exacto, porque yo estaba tan tranquila.*

T.: *Y si… Porque yo estoy tan tranquila, mi hija se puede enfermar y morir. Entonces despierta la conciencia, la responsabilidad. Culpa y conciencia de vulnerabilidad aparecen como algo tangible…*

C.: *Sí, es tangible, es tangible, yo lo toco. Quiero perder esa sensación.*

T.: *Sobre todo, te sientes responsable por la hija y entonces, como «tengo que estar vigilando la hija, a mí no me puede pasar nada». Porque consideras a tu marido un buen hombre, pero incapaz, «soy yo la que tengo que estar y, por tanto, no puedo permitirme que se me escape nada; tengo que controlarlo todo y me pongo vigilante 24/7». Y al estar tan vigilante, me entero de todas las sensaciones de mi cuerpo. Al enterarme de todas las sensaciones de mi cuerpo, las interpreto como lo que son, señales que antes no detectaba y despreciaba. Son sensaciones de que me va a pasar algo. Aumenta la ansiedad y se entra en un circuito hipocondríaco.*

C.: *Sí, esa es la historia de mi vida… Yo me lo noto que no estoy ubicada en un sitio. Estoy en mi casa, voy con los niños, voy al trabajo, pero parece que estoy en otra dimensión. No estoy. Antes, con 29 años, estaba, pero era yo toda entera, yo suelta, yo…*

T.: *Encajada.*

C.: *Estaba encajada, eso, eso. Estoy haciendo un montón de cosas, pero noto un montón de sensaciones que no puedo explicar.*

T.: *Como si estuvieras fuera de ti o estuvieras persiguiéndote. Vas por delante, pero a la vez vas por detrás.*

Como el príncipe Siddhartha, nuestra princesa descubre «las cuatro nobles verdades» que transformaron al príncipe en un buda: (1) la verdad del malestar o sufrimiento, (2) la verdad de la causa del malestar, (3) la verdad del cese o extinción de la causa del malestar y (4) la verdad del camino que conduce a la extinción del malestar (Fromm, 1995). Pero no las acepta todavía. En lugar de quedarse meditando sobre ellas a la sombra de un sicomoro, trata de protegerse de la primera, intentando controlar la posibilidad del sufrimiento. En este contexto tiene sentido la violenta emergencia de la hipocondría como sintomatología coherente con la amenaza a la salud. Estado de hipervigilancia: «donde está el cuerpo, está el peligro», como dirá más adelante en una sesión terapéutica.

A partir de ahora toda su atención se focaliza en las sensaciones corporales, equiparando cualquier señal de activación neurovegetativa emocional a una amenaza a la salud. Se especializa en la lectura de las sensaciones, como síntomas de enfermedad orgánica, disociadas de las emociones y del contexto.

Desestabilizada su regulación anómica, desarrolla de forma compensatoria un *narcisismo meritocrático* (Villegas, 2022). «Soy imprescindible, solo yo puedo hacerme cargo de la casa y los hijos. No puedo fallar (no me puedo morir, ni enfermar)». Surge así la responsabilidad culposa, por omisión: «puedo ser culpable de no haber previsto o prevenido cualquier indicio de enfermedad».

A fin de evitar el más insignificante descuido pone en marcha mecanismos de control obsesivo de tipo operativo o concreto. Analíticas constantes como estrategia preventiva, que no consigue romper el círculo, sino más bien alimentarlo: «*Y si…*se han equivocado conmigo, o no han visto algún tumor oculto». Más análisis y más dudas. De este modo queda totalmente invalidada cualquier manifestación de espontancidad, entendida como despreocupación. Incluso continúa asistiendo a la terapia de grupo «por si acaso».

Después de un largo proceso terapéutico el sistema da un vuelco con la aceptación de la vulnerabilidad y la muerte, más allá de la voluntad y la responsabilidad. El mecanismo narcisístico meritocrático es sustituido por la humildad. Hay renuncia o desaparición del «y si…».

La integración de la heteronomía permite la gestión autónoma de su vida. El malestar existencial da paso al bienestar sintomático. Termina estudiando para técnica de enfermería y trabajando en el hospital. Finalmente ha encontrado el camino que conduce a la extinción del malestar (la cuarta noble verdad), la renuncia al control y la aceptación de la vulnerabilidad.

Rendición o resignación

El caso de Ceci, independientemente del surgimiento gradual o imprevisto del síntoma, pone de manifiesto que la rendición es el factor clave para la liberación de su asedio, significado que, curiosamente, le es aplicable a su etimología *ob-sedere*, como hemos comentado ya en el capítulo primero. Rendición significa admitir la inutilidad de la lucha como método: «es inútil dar coces contra el aguijón». Rendición significa dejar de luchar, no necesariamente renunciar a una causa justa.

Muchas personas rehúyen el término rendición, porque lo confunden con resignación. Resignarse (del latín *re-signum-are)* significa entregar las propias banderas al enemigo, abandonar la causa por la que se luchaba. Sin embargo, en el uso habitual del lenguaje ya se percibe la diferencia: por ejemplo, se dice «rendirse a la evidencia», pero no, en cambio, «resignarse a la evidencia». Nadie puede resignarse a la evidencia. O se acepta o no se acepta, se integra o no se integra. Rendirse a la evidencia supone dejar de combatirla o querer evitarla; implica, más bien, integrarla en la regulación habitual con que enfrentamos las cosas, asimilarla o incluirla en la propia experiencia.

El cambio de actitud de Marie Kondo, que conlleva la propuesta de abrazar la práctica del *kurashi*, la búsqueda del bienestar en un sentido amplio respecto a la primacía de la limpieza y el orden (método *konmari*), predicada en sus primeros libros, se produce después de rendirse a la evidencia de que, con tres hijos, no es posible (ni deseable) continuar con una exigencia obsesiva de orden y limpieza. El cambio de paradigma significa poder aceptar que el orden y la limpieza no son una finalidad en sí mismos, sino un medio para generar bienestar y que, en el momento en que se apartan de su propia finalidad, pierden sentido y legitimidad.

La confusión entre aceptación y resignación puede provenir del hecho de que, para algunas personas, proceder al abandono de la lucha o el control equivale a reconocer la propia impotencia, por lo que si dejan de luchar o controlar, se deprimen. No se trata de aceptar una derrota, sino de asumir la inutilidad de la lucha como camino para la victoria en un contexto determinado. Sería como escoger el camino de la reivindicación no violenta. Una cosa es dejar las armas, otra es entregarse al enemigo.

Es necesario salir al paso de un posible malentendido, comenta Laso (2011), que «la solución sea que la persona acepte su dolor. No; no se trata de aceptar el malestar, sino los propios límites». Aceptar los límites humanos, una actitud, por cierto, presente en muchas tradiciones religiosas, como el cristianismo, el budismo o el islamismo, así como filosóficas, el estoicismo, o psicológicas como la terapia de aceptación y compromiso (ACT) o la terapia racional emotiva (RET), no significa ponerse limitaciones, sino liberarse de constricciones o exigencias destructivas, sustentadas por un narcisismo meritocrático implacable, que pretende a veces lo imposible.

Aspectos específicos a considerar

La psicoterapia de la obsesión debe, a nuestro entender, evitar algunas trampas y fomentar ciertos desarrollos, explicados a continuación.

* No tomar nunca el papel de garante de los criterios del sujeto

Por el contrario, favorecer que el paciente los descubra en sí mismo, llevándolo a conectar con sus sensaciones y emociones. El obsesivo quiere saber cómo sabe. Puede preguntar, por ejemplo, ¿cómo sé si lo que hago está bien? Su cuestionamiento nace de la duda, la desconfianza en su propio criterio, y busca la confirmación externa. Educados en un patrón de relaciones frías y distantes, en el que predomina la crítica o la indiferencia, sin el correctivo diferencial de las diversas clases de refuerzo, no han aprendido algunos obsesivos a distinguir por sí mismos lo que está bien de lo que está mal, por lo que tienden a buscar en los referentes externos, particularmente en las figuras de autoridad, los criterios de evaluación para la acción. La tentación de responder a las demandas insistentes de confirmación criteriológica por parte del paciente, desde la posición de autoridad que le confiere al terapeuta su *status* profesional, es elevada, aunque solo sea para calmar presuntamente su ansiedad o hacerle cejar en su insistencia. Los efectos procurados por este tipo de intervención, sin embargo, son antagónicos a la finalidad terapéutica, en la medida en que aumentan la dependencia hacia el terapeuta y refuerzan la tendencia a buscar criterios externos (efecto transferencial).

En su lugar el terapeuta puede llevar al paciente a explorar sus propias emociones, identificar los motivos de sus acciones, analizar las discrepancias internas. El paciente tiene que lograr su propia *certeza* o *seguridad subjetiva*, la confianza en su propios criterios, lo que no significa —más bien, todo lo contrario— la ilusión de haber alcanzado la certeza en la verdad objetiva, sino la propia. Esta *certeza subjetiva* afecta sobre todo a una concordancia interna que se basa en la integración emocional y la coherencia existencial.

* Fomentar el reconocimiento de las propias emociones

La integración emocional reclama, de entrada, el reconocimiento de las propias emociones y sensaciones. Estas constituyen los marcadores principales y más fiables del propio conocimiento y de la propia voluntad. No pueden ser ignoradas so pena de minar de raíz cualquier criterio de certeza. Su reconocimiento requiere, por parte del terapeuta, en primer lugar, la capacidad de empatizar con ellas, por muy débiles o extrañas que sean. Exige, en segundo lugar, la posibilidad de evocarlas y elucidarlas, a pesar de su aparente ausencia o inexistencia. A fin de facilitar esta tarea, resulta de gran ayuda acudir a los contextos en los que estas pueden manifestarse o más bien ocultarse. Suelen ser, a este propósito, bastante eficaces los intentos de contextualizar, como ya se ha indicado repetidamente, las situaciones en las que acostumbran a producirse los rituales compulsivos, así como la evocación de los acontecimientos que se asocian con la aparición de los primeros síntomas. Igualmente interesante —y, tal vez, más eficaz terapéuticamente— resulta practicar el escalamiento relativo a los sentimientos y pensamientos que se producirían, en caso de suceder el acontecimiento temido, y el modo en que se podrían reconducir o elaborar. Para este trabajo, sin embargo, se requiere una alianza terapéutica suficientemente sólida, dada la sensación de amenaza que experimenta el obsesivo ante la sola posibilidad de considerar el acontecimiento temido.

* Averiguar, con la colaboración del propio paciente, la semántica de los rituales

Por muy absurdos que parezcan, incluso al propio paciente, los rituales tienen siempre un sentido. No nos referimos aquí al significado más o menos simbólico o metafórico que, con mayor o menor acierto, ocasionalmente se les pudiera atribuir, sino a la propia ejecución de los mismos. Lo que tiene sentido es llevar a cabo rituales o, en su caso, conductas de control o comprobación. Este sentido cabe buscarlo en su finalidad preventiva, protectora o aseguradora: son una especie de sistema de seguros y «reaseguros». Como decía un paciente:

> *Yo eso lo veo bastante racional. O sea, puede que parezca irracional, y por eso se lo he contado a muy pocas personas, que esté mucho tiempo cerrando la puerta y contando hasta nueve. Pero como hay fuerzas que ni tú ni la ciencia pueden dominar, entonces, con un rito, me da seguridad de que no va a pasar nada. O, al menos, me quita la idea de la cabeza de que vaya a pasar algo, es decir, me da tranquilidad.*

> *Así pues, si me da seguridad, creo que lo razonable es que lo haga... El problema es que una cosa pequeña se hace una cosa grande y te condiciona ya todo: la vida, las horas del sueño y del trabajo. Te condiciona tu actividad normal.*

La comprensión de la semántica del ritual se muestra como un importante auxiliar en el proceso de superación de la obsesión, aunque tampoco puede plantearse en los momentos iniciales de la terapia y debe ser hecha siempre acompañando al paciente, no sustituyéndole ni anticipándose a él en su descubrimiento. Así, por ejemplo, algunos pacientes ya han probado diversas alternativas, a veces ingeniosas, a la utilización de los rituales. Algunos han intentado unificarlos en uno solo, que los agrupa como una categoría superior, aunque generalmente han terminado por volver a fragmentarse. Otros han inventado fórmulas para sustituirlos, por ejemplo, rezando una oración en la que, como en el Padrenuestro al llegar la expresión «mas líbranos de todo mal», el pensamiento se dirija hacia quienes se quiere proteger de sufrir o causar daño. Otros, finalmente, han generado «contrarrituales», es decir, rituales consistentes en no hacer rituales, pensando que ello tendrá el mismo efecto mágico.

Cualquiera de estas maniobras no resuelve, evidentemente, la problemática obsesiva. Hacerlo requeriría abordar directamente el sentido de la utilización del pensamiento mágico para prevenir acontecimientos sobre los que no tenemos ningún tipo de control, renunciando humildemente a él, aceptando el azar, la imprevisibilidad o lo que nuestros antepasados llamaban la «voluntad divina»: «hágase tu voluntad» o «que sea lo que Dios quiera». El mantenimiento del ritual no es una cuestión de mayor o menor inteligencia, puesto que, como decía el paciente citado anteriormente, es incluso más razonable que su contrario (apuesta pascaliana).

Un premio Nobel en física, que tenía sobre la puerta de su casa una herradura que protegía la entrada, preguntado por un amigo sobre el significado de aquella práctica, se limitó a responder: «Ya sé que es una tontería, que no sirve para nada; pero por si acaso la pongo; nunca se sabe».

* Potenciar el desarrollo de la función metacognitiva

Algunos autores, como Karasu (1995), han mostrado que una mayor conciencia de los propios procesos psicológicos, unida a un mayor dominio cognitivo de las propias problemáticas, determina una mejora en la adaptación social y protege a los pacientes tratados en psicoterapia del riesgo de reincidir, de modo más estable que en los tratamientos exclusivamente farmacológicos y de apoyo. En este contexto, la *función metacognitiva* asume un papel primordial como *factor terapéutico* determinante, y los déficits de esta función pasan a ser un elemento clave para comprender y tratar las patologías graves.

Está claro que el déficit de esta función es apreciable en diversas patologías, como la paranoia, la celotipia, y, en general, en el trastorno esquizofrénico (Frith, 1992), pero también se evidencia en los distintos trastornos de ansiedad, en los que el reconocimiento de las conexiones contextuales y de las reacciones emocionales con la experiencia subjetiva es prácticamente inexistente. Así, su (re)establecimiento constituye uno de los primeros objetivos del trabajo terapéutico.

Parte de este trabajo en la terapia de las obsesiones se inicia con el reconocimiento de las propias emociones como fuentes de decisión, así como con el desvelamiento de la semántica de los rituales. ¿Pero cómo ir más allá, si a lo mejor son estas emociones las que impiden liberarse de los rituales y estos los que nos protegen de aquellas? Consideremos, por ejemplo, el caso en que la comprensión de la conexión entre un ritual y el sentimiento de culpabilidad del que nos protege se produzca como fruto del proceso terapéutico. La consecución de este *insight,* ¿debería ser suficiente para desmontar el mecanismo de la obsesión? La experiencia nos enseña que no basta con llegar a establecer conscientemente esta conexión para liberarnos del proceso obsesivo. Debería introducirse aquí la distinción entre culpabilidad y responsabilidad.

Culpabilidad es un concepto que hace referencia a las intenciones, no a los actos mismos, mientras que *responsabilidad* implica la capacidad de responder de las propias acciones. Yo no puedo ser culpable de un efecto que no he pretendido o previsto en el planteamiento de mis acciones, aunque puedo responder por ellas, hacerme cargo de las consecuencias imprevistas —en caso de ser negativas para terceras personas—, desarrollar un gran sentimiento de compasión y solidaridad por las víctimas de mi acción y emprender las acciones necesarias que puedan tener un carácter reparador para ellas. Esta es una actitud *responsable,* en la medida en que frente a resultados no previstos me posiciono de nuevo intencionalmente y *respondo* a ellos, generando el tipo de respuestas adecuadas a una nueva situación.

El desarrollo de la función metacognitiva en el trabajo con obsesivos lleva con frecuencia a conectar con la presencia de arraigadísimos complejos. Los complejos que se esconden detrás de la obsesión tienen que ver con la culpabilidad y la inferioridad. Una culpabilidad e inferioridad existenciales, que el obsesivo vive no como producto de unas circunstancias históricas de invalidación criteriológica en su desarrollo evolutivo, sino como características ontológicas de la naturaleza deficitaria de su propio ser, que se esfuerza en ocultar o proteger por todos los medios, entre ellos la búsqueda de lo absoluto en la pureza, la perfección o la integridad moral, así como la activación de una hiperresponsabilidad extremadamente vigilante al servicio de estos valores morales, de entrar en contacto con sus complejos.

* Fomentar el desarrollo moral

Tal como hemos tenido ocasión de exponer reiteradamente a lo largo de este texto, el sistema epistemológico obsesivo se caracteriza por la insuficiencia del desarrollo moral. La psicogénesis del trastorno echa sus raíces en una expoliación de los propios referentes emotivo-pulsionales que han venido a ser sustituidos por criterios morales heteronómicos. Estos últimos han sido sistemáticamente reforzados como único referente digno de confianza. De ahí que el obsesivo pueda decir de sí mismo que se siente como un «teleñeco», sin criterio ni movimiento propio.

Educado como un adulto cuando era un niño, el sistema obsesivo, particularmente en los casos de TPOC, participa de la inseguridad característica del «autodidacta», que no sabe si lo que sabe es lo que tiene que saber. Ha sido un aprendizaje, el suyo, sin guía ni cobertura epistemológica, o bien, caso de existir esta, resultaba totalmente incomprensible, impenetrable e impredecible. Los mensajes recibidos por el obsesivo de las figuras tutoriales han sido del tipo: «adivina, adivinanza», «tú sabrás», «tú verás», «allá tú», «eso ya deberías o tendrías que saberlo», «eres un sabelotodo», «espabila», «tú mismo». Un sistema educativo de resonancias «calvinistas», en el que no se permite ni el error ni el pecado, porque no hay posibilidades de perdón ni de reparación. No es de extrañar que el obsesivo, ante la ausencia de referentes o tutores «amables» en su proceso de desarrollo y aprendizaje, haya dirigido su mirada a criterios infalibles externos, pretendidamente inamovibles y estables como los heteronómicos: la ley, la norma, la perfección, la limpieza, la pureza, el orden, etc.

La dependencia heterónoma de la estructura moral del sistema epistemológico obsesivo produce el resultado paradójico de sentirse fuertemente oprimido y reprimido por las normas externas, a la vez que la necesidad de adherirse rigurosamente a ellas. Por eso su conculcación produce efectos tan desestabilizantes en el equilibrio emocional del obsesivo y toda su energía se halla dirigida a evitarlos.

Inversamente, todos los pacientes obsesivos constatan que su grado de ansiedad disminuye, de hecho, cuando se ven libres de sus obligaciones o responsabilidades. Como escribe en su autocaracterización el paciente obsesivo tartamudo, al que nos hemos referido antes:

> *Me he dado cuenta de que, desde que tengo menos obligaciones en casa, me siento menos ansioso y me preocupo mucho menos.*

Por eso, muchos de ellos experimentan un alivio notable en situaciones que no pueden controlar, de las que no se sienten responsables, aunque sea de manera transitoria. Como Elisa, la paciente a la que nos hemos referido en los capítulos 3 y 5, cuyos síntomas remitieron en su totalidad durante la quincena que pasó con la familia en un hotel, aunque reaparecieron al volver a casa. O Mónica, la hermana de Sara, que se sentía libre de responsabilidades y de síntomas durante su estancia en el hospital, en el trabajo o en la academia, pero no en casa, donde era esclava de la limpieza y la desinfección. O Raúl, paciente de 27 años, ocupado en desinfectar todos los objetos a su alcance en casa y en el trabajo y en el lavado continuo de manos, que en ocasión de unas vacaciones en una casa rural se vio rodeado, a la vuelta de un paseo por el campo, por un rebaño de ovejas que levantaban mucho polvo y le rozaban por todas partes. Curiosamente se olvidó, después de este baño de polvo, de lavarse las manos, ni siquiera para comer, porque «el encuentro con el rebaño no entraba en el dominio de su responsabilidad».

Responsabilidad versus obligación

Dado que en la vida cotidiana es casi imposible evitar algún tipo de obligación, independientemente de su procedencia, la solución del obsesivo no puede ser la de prescindir totalmente de ella. Se trata más bien de favorecer la evolución de su sentido de responsabilidad moral. La responsabilidad, a diferencia de la culpabilidad, solo puede postularse a partir de la autonomía o la libertad. Esta requiere la posibilidad de decidir sobre la base de la propia elección. Para poder llevar a cabo una elección es necesario, sin embargo, poder identificar previamente las propias necesidades, deseos y preferencias. Seguramente estas entrarán muchas veces en contradicción con los postulados de las normas ideales externas, generando un conflicto moral que para el obsesivo suele presentarse como irresoluble. Este conflicto es el que hemos descrito más arriba como oposición entre criterios anómicos y heteronómicos. Está claro que, sin la mediación de una instancia heteronómica, la pura satisfacción de las tendencias anómicas desembocaría en comportamientos de carácter sociopático. Pero, a su vez, la sola participación del criterio heteronómico en la regulación del comportamiento lleva a la represión, y su infracción, a la culpabilidad.

Una Marie Kondo avant la lettre

La célebre autora japonesa Marie Kondo (2016) puso por título a la guía para llevar a cabo su método sobre el orden doméstico *La felicidad después del orden.* Una clase magistral ilustrada sobre el arte de organizar el hogar y la vida. Muchos años antes, Ceci, nuestra paciente hipocondríaca, hablaba de la tranquilidad y el bienestar que le producía la contemplación de la casa limpia y ordenada, después de las *palizas* que se debía dar para conseguir precisamente esto:

> T.: *Es una exigencia. Ahora la cosa es que detrás de todo esto hay infelicidad, ¿no? Pero volvamos al placer: está todo limpio, todo a fondo… ¿Cómo te sientes?*
> C.: *A ver, bien, relajada, sin pensar en nada… Cuando tengo que hacer cosas es una máquina mi cabeza, pero cuando ya está todo hecho, se queda en blanco. Y entonces se relaja… O sea, estoy a gusto, no tengo nada que hacer, porque a mí me gustaría no tener que hacer nunca nada. A mí me gustaría no tener responsabilidades. A mí me gustaría ser millonaria, que me dieran de comer, no tener horarios, que me hicieran la faena. Pero como a mí me gusta, ¿eh? Entonces yo creo que así estaría más tranquila, más a gusto y más feliz… Y como no es así, para tener ese momento bueno, pues tengo que hacer todo esto.*
> T.: *Si no tuvieras responsabilidades, tu cabeza descansaría. Porque no dirías «tengo que hacer esto, tengo que, tengo», sino «no tengo, no tengo».*
> C.: *Sería como sentirme libre. Estoy como en una muralla. Entonces, a veces, cuando limpio, se abre una puerta en la muralla. Es una sensación. Cuando hago todo esto y me pego esas palizas y me creo que lo tengo bajo control, se abre un poco la puerta.*
> T.: *Cuando has cumplido todas tus obligaciones, entonces te permites…*
> C.: *Parece que estoy un poco libre…*
> T.: *Tienes permiso para sentirte un poco libre. O sea, que lo normal es que básicamente no tienes permiso para sentirte libre. Eres víctima de tu propia autoexigencia. «Hasta que no termine esto no…», «hasta que no acabe…». Esto justifica que puedas ser libre diez minutos, porque tú no tienes derecho a ser libre.*

C.: *No, a mí me parece que no...*
T.: *¡Exacto! ¿Y por qué no vas a tener derecho?*
C.: *No sé por qué... Porque si yo soy libre, como yo quiero serlo, entonces ni mi casa ni mi gente funcionan...*
T.: *Para ti libre significa irresponsable.*
C.: *No, irresponsable no. Irresponsable es hacer las cosas mal. Si no tienes responsabilidades, no puedes hacerlas ni mal, ni bien. Simplemente no las tienes. Entonces yo no soy irresponsable, no. Lo que quiero es no tenerlas. A mí las responsabilidades me encierran, me atrapan...*

En el diálogo con Ceci se pone claramente de manifiesto la tensión entre anomía y heteronomía, el deseo de libertad, entendida como ausencia de constricción y el peso de la obligaciones contraídas a la fuerza por la imposición heteronómica de los roles (en su caso, mujer, esposa, madre y ama de casa). Ceci fue feliz mientras vivió en el paraíso (donde no tenía responsabilidades), hasta que fue expulsada bruscamente de él.

* Introducir la perspectiva reversible

En el polo opuesto del obsesivo se halla el impulsivo, que actúa sin inhibición en base a sus estados de ánimo. O el sociópata, que no se preocupa del efecto de sus actos sobre los demás. El novelista húngaro Sandor Marai (2008) escribe en sus memorias en relación a su adolescencia:

> Busqué compañeros y amigos y como no encontraba intenté acomodarme en algún grupo que sustituyera a mi familia. Esas pandillas, organizadas al margen de la sociedad de los adultos por muchachos de la misma edad y de la misma condición anímica [...] estaban dirigidas por el muchacho más fuerte y más resuelto, algún chico incapaz de reconciliarse con su entorno social o familiar [...], alguien cuya pasión elemental no conociera la duda, la vergüenza o la culpa.

Vergüenza y culpa son, precisamente, los dos sentimientos que el obsesivo quiere evitar a toda costa. La evitación o la prevención de estos sentimientos son los que dan razón del motivo de sus estrategias defensivas de comprobación, rumiación o compulsión. La vergüenza responde al error, al defecto o a la imperfección, a un fallo de tipo cognoscitivo (ignorancia o equivocación) o ejecutivo (fracaso o *chapuza)*. El sentimiento de culpa aparece en nuestra conciencia, en cambio, en relación a un incumplimiento moral, por no haber hecho lo que se debía hacer (pecado de omisión) o por haber hecho lo que no se debía hacer (pecado de comisión).

Error y pecado tienen, para el obsesivo, una característica común: son irreparables y, en consecuencia, imperdonables. Equivalen, en la mente del obsesivo, a una condena eterna. Atacan profunda e irremediablemente su autoestima, ambos le resultan intolerables. Ambos comparten igualmente otra característica esencial: miran al pasado, a lo que se hizo o se dejó de hacer y al modo en que se llevó a cabo. En consecuencia, son actuaciones *irreversibles*. «Lo hecho, hecho está», no tiene vuelta atrás. Por eso el obsesivo pone tanto cuidado en asegurarse de haber hecho o no haber hecho lo que se debía y cómo se debía (comprobaciones y rumiaciones) y en prevenir lo que pueda suceder, siempre que esté a su alcance (compulsiones y rituales), puesto que si sucede, al acto pasará a formar parte de un pasado irreversible.

Queda claro, pues, que la inversión de la perspectiva irreversible forma parte del proceso terapéutico en la obsesión. Sin ella, el obsesivo se niega a quitarse el cinturón de seguridad con el que va por la vida. En su concepción polarizada de la moral o se es un santo (heteronomía) o se es un demonio (anomía). Ahora bien, ¿cómo puede uno flexibilizar el miedo al error o al pecado sin cometer error o pecado? ¿Cómo puede uno liberarse de sentimientos tan devastadores como la vergüenza y la culpa?

La receta es sencilla, a la vez que profunda: a través de dos procesos psicológicos de gran poder transformador, el *aprendizaje* y el *perdón*. A diferencia de la vergüenza y la culpa, ambos miran al futuro; no a lo que ha sido, sino a lo que puede ser. Aquí es donde se produce la inversión de perspectiva: el *aprendizaje* admite el error como una experiencia que permite mejorar y seguir avanzando; el *perdón* reconoce el mal y hace posible transformar los sentimientos de los que ha surgido. Parafraseando a San Agustín, puede invertir la perspectiva irreversible en su contraria: *oh felix culpa,* porque nos descubre la posibilidad de redención y cambio.

La distinción entre el concepto de «error» y el de «pecado» es importante tanto desde el punto de vista moral como desde el psicológico. El error hace referencia a lo correcto o lo incorrecto de un planteamiento, una decisión o una acción; el pecado, a las consecuencias perjudiciales de nuestros planteamientos, decisiones o acciones para uno mismo o los demás.

Error y aprendizaje

La falta de aceptación del error, que para el obsesivo es intolerable, constituye el máximo error de la mente humana. El error es tolerable porque es humano. Y es humano porque es reversible. No solo se puede rectificar, sino que, incluso, es un instrumento óptimo, tal vez el más eficaz, para el aprendizaje. En oposición al mundo platónico de las ideas, de la robótica o de la inteligencia artificial, en el que aspira a vivir el obsesivo, la máxima de Terencio nos invita a vivir en el mundo de los «humanos», donde todos nos podemos reconocer en la solidaridad de la finitud y la imperfección: «soy humano y nada que sea humano lo considero ajeno a mí». Solo los dioses son perfectos, lo que quiere decir «acabados».

La podadera

Hablando de lo que se puede aprender, Julio, el paciente de las peleas parlamentarias, cuenta una anécdota que le sucedió participando en la campaña de la vendimia. Al finalizar la jornada, se dirigió, como sus compañeros, hacia el remolque para descargar el capazo con la uva, pero depositó en su interior también las tijeras que había usado para cortar los racimos. Alguien que lo observó le indicó que debía rescatarlas, puesto que, si caían en la máquina trituradora, podrían romperla. Aunque con cierta dificultad, consiguió recuperarlas del montón de uva antes de que partiera el camión. Sin embargo, se culpaba por ello, porque debería haberlo evitado. En el diálogo interviene otra paciente llamada Belén.

> TERAPEUTA: *Bueno, pero fíjate que has dicho «lo podía haber evitado». No, no lo podías haber evitado. Este es el error.*
> JULIO: *Yo podía haber observado que los demás las llevaban en el bolsillo lateral del pantalón y preguntar «¿por qué las lleváis en el bolsillo en lugar de llevarlas en la mano?».*
> T.: *No, no podías. Nadie nace enseñado. Todo el mundo tiene que aprender.*
> BELÉN: *Y antes de aprender, pues eso, cometes fallos y al revés, porque hasta que aprendes. Pero igual que cometiste aquel error, ¿verdad que también luego pudiste rescatar la podadera?*
> J.: *Sí, la encontré. Pero claro, lo pasé mal. También era el primer año que cortaba uva, yo nunca había cortado uva. Era muy novato y me pegué unos cuantos cortes en los dedos. Pero bueno. Es el precio que se paga, ¿no?*
> T.: *Como dice el proverbio catalán «Fent i desfent, aprèn l'aprenent»* [hacer y deshacer es el modo de aprender].

Culpa y perdón

El mito del pecado original nos pone a todos en la condición de seres moralmente falibles, en la medida en que el bien y el mal constituyen siempre una consecuencia inevitable de nuestras acciones. Estas consecuencias tienen que ver con nuestras tendencias egoístas que se manifiestan en sentimientos o actitudes que acaban siendo el origen de los pecados capitales, de los que derivan todos los demás (Villegas, 2018). Por eso, el obsesivo no solo experimenta culpa por los actos malévolos que pueda o podría haber cometido, sino por el simple hecho de haberlos imaginado o pensado.

El sentimiento de culpa atribuye la causa de los males a los otros o a nosotros mismos, personalizando su origen y pretendiendo con ello justificar los sentimientos de rabia o de rencor. Perdonar implica liberarse de esta práctica de atribución a fin de hacerse cargo de los hechos y sus consecuencias, más que perder el tiempo inculpando o exculpando a alguien o a nosotros mismos, como si ello pudiera hacerlos reversibles. Se puede sentir culpa por haber causado algún mal (daño), por haber hecho algo mal (error) o por haber dejado de producir un bien (fallo u omisión). La culpa mira al pasado, el perdón mira al futuro para hacerlo posible. La necesidad de perdón, escribe Hanna Arendt (1995):

> hace justicia al hecho de que cada ser humano es más que lo que hace o piensa. Solo el perdón hace posible un nuevo comienzo para actuar, comienzo que necesitamos todos y que constituye nuestra dignidad humana [...]. La facultad de actuar supone la facultad de perdonar, facultad a través de la cual es posible revertir las consecuencias del actuar.

El autoperdón

Perdonarse a sí mismo requiere, en primer lugar, un reconocimiento del mal causado, acompañado de un sentimiento de empatía hacia la persona que ha sido objeto de nuestra ofensa (figura 8). Este sentimiento se llama «contrición», en oposición al de «atrición», porque no se centra en el miedo a la pérdida o al castigo, sino en el dolor ajeno con el que se establece una *conexión emocional.* Lleva a una actitud compensatoria o *reparadora* a fin de disminuir la influencia del mal con la producción de un bien. A su vez, requiere una actitud de disponibilidad a la *enmienda* o aprendizaje, por cuanto la persona se *responsabiliza* de sus acciones y quiere comprender qué la ha llevado a la producción del mal, a fin de poder anticiparse a su comisión en sucesivas ocasiones. Esta comprensión puede facilitar la *aceptación* de sí mismo, legitimando el propio yo, a pesar de sus fallos y debilidades.

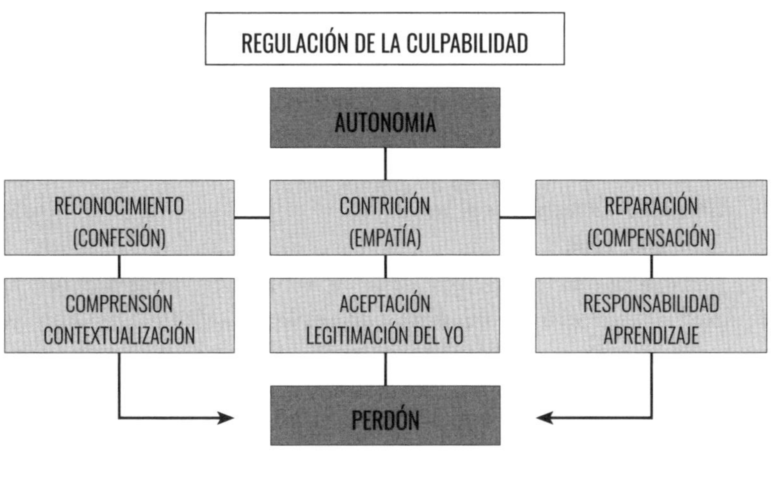

Figura 8

¿Dos paquetes o uno solo?

El conjunto de todas estas operaciones para regular el sentimiento de culpabilidad desde un posicionamiento autónomo constituye el perdón: al menos, el perdón que uno puede otorgarse a sí mismo. Carina, paciente de 54 años, a quien seguimos detalladamente en una obra anterior dedicada a la dependencia afectiva (Villegas, 2023), manifiesta en el siguiente diálogo la necesidad de llegar al perdón hacia sí misma por haber dejado a sus dos hijos pequeños al cuidado de su madre, la abuela, y posteriormente de su hermana, la tía, a quien cedió la patria potestad.

> Carina: *Porque me sentí culpable, quizás por no haberme llevado los hijos conmigo, cuando me los tendría que haber llevado por…*
> Terapeuta: *Entonces más bien te tienes que perdonar tú.*
> C.: *Ya… Y a mi hermana. Trato de perdonarla todos los días también, porque no quiero guardarle rencor.*
> T.: *De todos modos, todo va en un paquete: perdonarla a ella, perdonarte a ti…*

> C.: *Claro, pero yo lo tengo en dos paquetes distintos. Perdonarme yo, me tengo que perdonar, quizás por no haber tenido la capacidad de dejar las cosas que tenía que dejar en su momento. Y haberme puesto a trabajar simplemente y no irme de fiesta por la noche. Para poder tener a mis hijos conmigo y para haber podido intentar darles algo que no les di. Eso me lo tengo que perdonar yo.*
> T.: *Claro, claro.*
> C.: *Pero a ella le tengo que perdonar no haberme permitido que yo pudiera estar más con mis hijos, haberles comido el coco a mis hijos en mi contra. Bueno, es que yo pienso que si no la perdono no podré pasar esa página nunca, nunca... Y siempre me hará daño. Y para que no me haga daño a mí, tengo que perdonarla a ella. Ahí es donde yo tengo más dificultad.*

Narcisismo meritocrático de signo negativo

Considerar el papel que tiene la evitación del error y del pecado en la dinámica obsesiva nos plantea todavía una última cuestión: ¿por qué el error y el pecado, al generar vergüenza y culpa, tienen este peso tan demoledor sobre la mente del obsesivo? ¿Por qué consiguen paralizar toda su proyección existencial, como los bichos del sueño de Ceci, que no la matan pero no la dejan vivir, rodeándola o asediándola por todas partes? ¿Qué es eso tan valioso que está en juego para el obsesivo?

La respuesta también es sencilla, pero profunda: el error está asociado a un fallo y la maldad a un pecado, pero ambos resultan intolerables para la imagen *narcisista* del obsesivo. A lo largo de este texto hemos visto cómo la obsesión se gestaba en un clima de invalidación que se podía cocer a fuego lento desde la infancia o bien producirse de forma repentina, en algún momento posterior, a propósito de algún acontecimiento nuclearmente invalidante. El narcisismo surge como una forma alternativa a la falta de una estima más originaria u ontológica. Se instaura como un sistema sustitutorio de la validación o la justificación de la existencia, en el intento de compensar el complejo de inferioridad consiguiente.

Algunas personas, muy llenas de sí mismas, se consideran validadas en función de su procedencia social o sus atributos congénitos, como la belleza o el ingenio. Se presentan en sociedad como aristócratas validados por sus títulos nobiliarios (Villegas, 2022). Otras se inician en la vida en el polo opuesto al narcisismo aristocrático y no pueden apelar a sus orígenes o a su linaje, considerándose «hijos d'algo» (hidalgos), para hacerse valer. En su lugar, parten de una situación de inferioridad, producto de una invalidación inicial, que intentan compensar acumulando méritos. De ahí el nombre de «meritócratas» que les otorgamos: «tanto hago, tanto valgo». Dado que el narcisismo meritocrático procede de una invalidación originaria o sobrevenida más adelante por una pérdida o una mengua de la autoestima, trata de obtener reconocimiento mediante la acumulación de méritos.

El reconocimiento de tales méritos, sin embargo, no puede hacerlo el obsesivo por sí mismo, sino que depende de la aprobación o la aceptación social. Dado que esta no cae bajo su control directo, el obsesivo invierte su objetivo. Ya no se trata de acumular méritos, sino de evitar invalidaciones, de protegerse de la vergüenza o de la culpa. Por ende, toda su atención va dirigida a asegurarse de no cometer errores, ni de provocar daños ni a sí mismo ni a terceros. Sus motivaciones son de signo *negativo:* no le impelen a hacer, sino a no hacer o, en todo caso, a actuar para evitar o prevenir. Por eso su actividad es inútil e improductiva —limpiar lo que ya está limpio, comprobar lo que ya está hecho, repasar lo que ya está acabado.

Su regulación moral es estrictamente heteronómica, legalista, veterotestamentaria. Indica lo que no hay que hacer: «no matarás, no robarás, no mentirás, no desearás...», pero no señala lo que hay que hacer. La máxima agustiniana de «ama y haz lo que quieras» resulta de una ambigüedad insoportable para el obsesivo, porque a quien más teme es a su espontaneidad. De modo que el gran mérito al que aspira el obsesivo no es haber hecho o acumulado muchos éxitos, sino haber evitado todos los fracasos. Con este fin, provoca, seguramente sin pretenderlo, el mayor de todos ellos: echar a perder el sentido de su vida.

La autonomía como integración

Para que el sistema epistemológico moral pueda desarrollarse hacia la autonomía (Villegas, 2015) es preciso favorecer, más allá de le integración de la heteronomía, la aparición de la perspectiva socionómica, basada en el reconocimiento de las necesidades, motivos, sentimientos e intenciones, tanto propios como ajenos, como criterios de acción.

La concepción no dialéctica de los criterios socionómicos podría, sin embargo, desembocar en una actitud oblativa o sacrificial a favor de los demás, característica de algunas patologías como la agorafobia, somatizaciones, dependencia afectiva, depresión reactiva (Villegas, 1995, 2011, 2023), que tampoco es garantía de bienestar y desarrollo psicológico. A fin de conseguirlo, todo sistema exige un alto grado de autonomía funcional. En el caso que nos ocupa, el estadio de desarrollo y funcionamiento óptimo es el de la autonomía moral. Esta requiere la resolución dialéctica de los conflictos entre tendencias prenómicas y anómicas respecto de las limitaciones de las imposiciones heteronómicas y a las restricciones de carácter socionómico; por ejemplo, el miedo a hacer daño a un tercero. Esta superación dialéctica solo se hace posible en un nivel de síntesis superior que llamamos «autonomía»: la posibilidad de decidir por uno mismo la manera de satisfacer las propias necesidades, teniendo en cuenta las necesidades ajenas y las normas externas o sociales.

Esto requiere, por una parte, el reconocimiento auténtico de las propias conveniencias a través de un contacto íntimo y sincero con los niveles de reactividad afectiva y emocional y, por otra, la superación de las contradicciones con el criterio de un bien mayor. Por ejemplo, la necesidad de romper una relación en la que el sujeto se halla atrapado con grave detrimento de su autoestima o dignidad puede ser construida como la vía para alcanzar un bien superior: la posibilidad de liberarse de una situación generadora de sentimientos negativos y de abrir un espacio a un mayor crecimiento personal. De este modo, se hace posible integrar autónomamente puntos de vista que antes aparecían como opuestos e incompatibles entre sí, dando lugar a los sentimientos de culpa, característicos de la duda obsesiva.

Colofón y coda

Nuestra concepción de la psico(pato)logía (Villegas, 2011) supone la falta de libertad sobre la proyectualidad de la existencia humana. En el caso del trastorno obsesivo, esta falta de libertad se hace especialmente significativa, constituyendo el núcleo de su problemática. El obsesivo se siente asediado por sus propios pensamientos, que lo llevan a una total inhibición de su *espontaneidad*, obligándolo a dirigir su mirada hacia sistemas compactos de principios o creencias de naturaleza ideal y condenándolo a vivir perpetuamente en la duda y el temor al error y la culpa, de los que solo podrá redimirse reconciliándose con su mundo interno de emociones y sensaciones. La existencia sana del ser humano se desarrolla en la confianza en los propios recursos y en la generosa tolerancia de los demás. Esta se basa en la mutualidad y en la correspondencia y en la aceptación de la imprevisibilidad, de la finitud y del error propio y ajeno. La recuperación de la *espontaneidad* por parte del obsesivo requiere la inversión de su tendencia a considerar nefasto el error. Es precisamente a través de sus dudas que el obsesivo puede aprender a reconocer sus propias emociones y necesidades. El miedo a equivocarse, del que surge la duda, se basa en el supuesto de la existencia de una verdad externa apodíctica única, a la vez que introduce la consideración de otra verdad alternativa, la propia. No se trata, por tanto, de que el obsesivo no tenga una vía de acceso a sus propias emociones, sino de que estas no son reconocidas como válidas. El trabajo terapéutico, siempre de la mano del propio paciente, orientado a recuperar el contacto con el mundo emocional y su validación como criterio epistemológico de decisión, se plantea como garantía de recuperación de la libertad, entendida como autonomía.

Y esta es la tarea fundamental en la psicoterapia de las obsesiones.

Bibliografía

Abramowitz, J.S., Blakey, S.M., Reuman, L., Buchholz, J.L. (2018). New Directions in the Cognitive-Behavioral Treatment of OCD: Theory, Research, and Practice. *Behavior Therapy* 49(3), pp. 311-322.

Adams, P.L. (1973). *Obsessive children: a sociopsychiatric study*. Nueva York: Brunner Mazel.

Arendt, H. (1995). *De la Historia a la Acción*. Barcelona: Paidós.

American Psychiatric Association (1987). *Diagnostic and Statistical Manual of Mental Disorders* (3.ª edición). Washington: APA.

American Psychiatric Association (1994), *Diagnostic and Statistical Manual of Mental Disorders* (4.ª edición). Washington: APA.

American Psychiatric Association (2014). *Diagnostic and Statistical Manual of Mental Disorders* (5.ª edición). Arlington: APA.

Bara, B.G., Manerchia, G. y Pelliccia, A. (1996). L'organizzazione cognitiva di tipo ossessivo. En G.B. Bara (ed.), *Manuale di psicoterapia cognitiva.* Turín: Bollati Boringhieri.

Barcaccia, B. (2021). El mindfulness para el tratamiento del trastorno obsesivo-compulsivo. En F. Mancini (ed.), *La mente obsesiva. Tratamiento del trastorno obsesivo-compulsivo.* Bilbao: Desclée de Brouwer.

Barret, L.F. (2018). *La vida secreta del cerebro. Cómo se construyen las emociones.* Barcelona: Paidós.

Beech, H.R. (1974). *Obsessional states*. Londres: Methuen.

Binswanger, L. (1957). Der Fall Lola Voss. Studien zum Schizophrenieproblem. *Schizophrenie.* Pfullingen: Günter Neske.

Bruner, J. (1990). *Acts of meaning.* Cambridge: Harvard University Press.

Carcione, A. y Falcone, M. (1999). Il concetto di metacognizione come costrutto clinico fondamentale per la psicoterapia. En A. Semerari, *Psicoterapia cognitiva del paziente grave: Metacognizione e relazione terapeutica.* Milán: Raffaello Cortina.

Cavalcanti, K. (2018). *492 muertos. Confesiones de un asesino a sueldo*. Barcelona: Península.

Cornoldi, C. (1995). *Metacognizione e apprendimento.* Bologna: Il Mulino.

Damasio, A.R. (1994). *Descartes' Error. Emotion, Reason and the humain brain.* Nueva York: Grosset/Putnam.

Dèttore D., Pozza, A., y Andersson, G. (2015). Efficacy of technology-delivered cognitive behavioural therapy for OCD versus control conditions, and in comparison with therapist-administered CBT: meta-analysis of randomized controlled trials. *Cognitive behavioural therapy* 44(3), pp. 190-211

Flavell, J.H. (1976). Metacognition: aspects of problem solving. En L. Resnick, *The nature of intelligence.* Hillsdale: Erlbaum.

Flavell, J.H. (1987). Metacognition and motivation as effective determinants of learning and understanding. En F.E. Winert y R.H. Kluwe, *Metacognition, motivation and understanding.* Hillsdale: Erlbaum.

Flavell, J.H., Green, F.L. Flavell, E.R. (1993). Children's understanding of the stream of consciousness. *Child devlopment* 64, pp. 387-398.

Freud, S. (1909). Análisis de un caso de neurosis obsesiva. *Obras Completas.* Madrid: Biblioteca Nueva (1973).

Freud, S. (1913). Totem y Tabú. *Obras Completas.* Madrid: Biblioteca Nueva (1973).

Freud, S. (1932). El malestar en la cultura. *Obras Completas.* Madrid: Biblioteca Nueva (1973).

Frijda, N.H. (1986). *Emotions.* Cambridge: Cambridge University Press.

Frith, C.D. (1992). *The cognitive neuropsychology of schizofrenia.* Hillsdale: Erlbaum.

Fromm, E. (1941). *Escape from Freedom.* Nueva York: Holt, Reinehart & Winston.

Fromm, E. (1995). *Tener o ser.* Madrid: FCE.

García Haro, J. (2014). Culpa, Reparación y Perdón: implicaciones clínicas y terapéuticas (III). *Revista de Psicoterapia* 25(99), pp. 135-164.

Gasnier, M., Pelissolo, A., Bondolfi, G., Pelissolo, S., Tomba, M., Mallet, L., N'diaye, K. (2017). Mindfulness-based interventions in obsessive-compulsive disorder: Mechanisms of action and presentation of a pilot study. *Encephale,* 43(6), pp. 594-599.

Geffken, G.R., Storch, E.A., Gelfand, K.M., Adkins, J.W., Goodman, W.K. (2004). Cognitive-behavioral therapy for obsessive-compulsive disorder: review of treatment techniques. *Journal of Psychosocial Nursing and Mental Health Services* 42(12), pp. 44-51.

Gergen, K.J. (1999). El postmodernismo como una forma de humanismo. *Revista de Psicoterapia* 37, pp. 51-62.

Goleman, D. (1995). *Emotional Intelligence.* Nueva York: Bantam Books.

Guidano, V. y Liotti, G. (1983). *Cognitive Process and Emotional Dissorders.* Nueva York: Guilford.

Guidano, V. (1987). *Complexity of the self.* Nueva York: Guilford.

Guidano, V. (1991). *The self in process: Toward a post-rationalist cognitive therapy.* Nueva York: Guilford.

Guidano, V. (1993). La terapia cognitiva desde una perspectiva evolutivo-constructivista. *Revista de Psicoterapia* 14/15, pp. 89-112.

Guidano, V. (2013). La psicoterapia entre arte y ciencia. *Revista de Psicoterapia* 94/96, número monográfico.

Hershfield, T. y Corboy, J. (2020). *Guía práctica de Mindfulness para el TOC.* Bilbao: Desclée de Brouwer.

Huppert, J.D. y Franklin, M.E. (2005). Cognitive behavioral therapy for obsessive-compulsive disorder: an update. *Current Psychiatry Reports* 7(4), pp. 268-73.

Ledoux, J. (1996). *The emotional Brain.* Nueva York: Simon & Schuster.

Karasu, T.B. (1995). Il dilemma fattori terapeutici specifici/aspecifici. Identificare i mediatori del cambiamento terapeutico. *Psicoterapia* 1, pp. 47-65.

Kondo, M. (2015). *La màgia de l'ordre.* Barcelona: Ara llibres.

Kondo, M. (2016). *La felicidad después del orden.* Barcelona: Aguilar.

Kondo, M. (2023). *El método kurashi: Cómo organizar tu espacio para crear tu estilo de vida ideal (Inspiración y creatividad).* Barcelona: Aguilar.

Laso, E. (2011). Aceptación y paradojas del control. *Redes* 25, pp.1-14.

Liotti, G. (1994). *La dimensione interpersonale della coscienza.* Roma: La Nuova Italia Scientifica.

Lorenzini, R. y Sassaroli, S. (1994). *Cattivi pensieri*. Roma: NIS.

Lorenzini, R. y Sassaroli, S. (2000). Apego y conocimiento: entre el trastorno de personalidad obsesivo-compulsivo y el síndrome obsesivo. *Revista de Psicoterapia* 42/43, pp. 31-48.

Luppino (2021). La EPR como práctica de la aceptación. En F. Mancini (ed.), *La mente obsesiva. Tratamiento del trastorno obsesivo-compulsivo.* Bilbao: Desclée de Brouwer.

Mancini, F. (1997). Il senso di colpa. *Psicoterapia* 9, pp. 31-47.

Mancini, F. (2000). Un modelo cognitivo del trastorno obsesivo-compulsivo. *Revista de Psicoterapia* 42/43, pp. 5-30.

Mancini, F. (2021). *La mente obsesiva. Tratamiento del trastorno obsesivo-compulsivo.* Bilbao: Desclée de Brouwer.

Marai, S. (2008). *Confesiones de un burgués*. Barcelona: Salamandra.

Nardone, G. y Salvini, A. (2013). *Diccionario internacional de psicoterapia*. Barcelona: Herder.

Oatley, K. y Johnson-Laird, P.N. (1987). Towards a cognitive theory of emotions. *Cognition and Emotion* 1, pp. 29-48.

Rachman, S. (1993). Obsessions, responsability and guilt. *Behaviour Research and Therapy* 31, pp. 793-802.

Rachman, S. (1997). A cognitive theory of obsession. *Behaviour Research and Therapy* 31, pp. 793-802.

Rachman, S. y Hogdson, R. (1980). *Obsessions and Compulsions*. Englewood Cliffs: Prentice Hall.

Rachman, S., Thordarson, D., Shafran, R. y Woody, S.R. (1995). Perceived responsability: structure and significance. *Behaviour Research and Therapy* 33, pp. 779-784.

Ribas, G. (2009). Un caso de insomnio ¿qué hay detrás de los síntomas? *Revista de Psicoterapia* 77, pp. 133-147.

Salkovskis, P.M., Forrester, E. y Richards, C. (1998). Cognitive-behavioural approach to undeerstanding obsessional thinking. *British Journal of Psychiatry* 173, supl. 35, pp. 53-63.

Salkovskis, P.M. (1999). Understanding and treating obsessive-compulsive disorder. *Behaviour Research and Therapy* 37, pp. 29-52.

Szass, T.H. (1965). *The ethics of Psychoanalysis. The theory and method of autonomous psychotherapy.* Nuevo York: Basic Books.

Tapia, S. (2002). Quiero ser libre de mí mismo. Un caso de trastorno obsesivo de personalidad. *Revista de Psicoterapia* 50/51, *pp.* 35-90.
Ugazio, V. (1998). *Storie proibite, storie permese.* Turín: Bollati Boringhieri.
Ugazio, V. (2013). *Semantic polarities and psychopathoplogies in the family. Pemitted and forbiden stories.* Londres: Routledge.
van de Wetering, J. (1975). *El espejo vacío: experiencias en un monasterio Zen.* Barcelona: Kairós.
Villegas, M. (1992). Análisis del discurso terapéutico. *Revista de Psicoterapia* 10/11, pp. 23-66.
Villegas, M. (1993). La Entrevista Evolutiva. *Revista de Psicoterapia* 14/15, pp. 38-87.
Villegas, M. (1995). Psicopatologías de la libertad (I). La agorafobia o la constricción del espacio. *Revista de Psicoterapia* 21, pp. 17-40.
Villegas, M. y Ricci, M. (1998). El discurso onírico: aplicación de las técnicas de análisis textual a los sueños en psicoterapia. *Revista de Psicoterapia* 34/35, pp. 31-92.
Villegas, M. y Turco, L. (1999). Un caso de reorientación sexual en el ciclo medio de la vida. *Revista de Psicoterapia* 40, pp. 75-102.
Villegas, M. (2000). Psicopatologías de la libertad (III): La obsesión o la restricción de la espontaneidad. *Revista de Psicoterapia* 41-42, pp. 49-133.
Villegas, M. (2011). *El error de Prometeo. Psico(pato)logía del desarrollo moral.* Barcelona: Herder.
Villegas, M. (2015). *El proceso de convertirse en persona autónoma.* Barcelona: Herder.
Villegas, M. (2018). *Psicología de los siete pecados capitales.* Barcelona: Herder.
Villegas, M. (2020). *La mente emocional.* Barcelona: Herder.
Villegas, M. (2022). *Atrapados en el espejo. El narcisismo y sus modalidades.* Barcelona: Herder.
Villegas, M. (2023). *Atrapados en el amor. La dependencia afectiva.* Barcelona: Herder.
White, M. y Epston, D. (1990). *Narrative means to therapeutic ends.* Nueva York: Norton.